会話ができる

財務の知識と活用の指南書

細矢 進 [著]
Hosoya Susumu

仕事に活かせる、会話ができる
本物の財務スキルが身につく!

近代セールス社

はじめに

　毎年４月になると新入社員を意識した財務関係の書籍が多数発刊され、新聞には特集コラムとして財務分析の解説などが掲載されます。それだけ多くの社会人にとって財務の知識修得が必要であるとの証でもあります。また、管理職になれば必然的に財務資料にも触れる機会が発生し、否応なしに勉強する必要に迫られるものです。

　しかし、苦労して勉強したことが実際の仕事に活かされているかは、はなはだ疑問に感じることがあります。また、最近の金融機関の人間も、各種財務比率など言葉を知ってはいても、真の企業分析に十分生かされているのか疑わしく思えることがあります。

　財務に本当に強い人間は、実際の経営実務や会計処理までの経験を有する、中堅・中小企業の優秀なオーナー経営者であると思います。「優秀な経営者は、身体にバランスシートを持っている」とよく言われます。これは、資金繰りから様々な商売上の取引を経て決算までの、一貫した流れが身体に染みついているからなのです。

　本当に財務の知識を自分のものにするには、また学んだ財務知識を現場で生かせるスキルを身に付けるには、難しい財務用語を理解することでも、難しい比率計算式を覚えることでもないのです。実は、お金の流れと商流を結び付けた数字の意味を理解する必要があるのです。

　そのためには「自分で資金繰りをして、自分で決算書を作成する体験をして、財務の基本構造をしっかり理解したうえで決算分析をしていく」この過程を踏まない限りは、本物の財務を身に付けることはできないと確信しています。

　本書は、細かい知識の解説よりも、体験的な視点から財務を学習する方式です。ぜひ最後まで読んでいただき、明日から使える本物の財務を修得する一助になれば幸いです。

　　　　　　　　　　　　　　　　　　　　　　　　　　　　細矢　進

Contents

第3章 財務諸表の見方と目の付け処

第4章 財務知識の現場活用術

第**5**章 **業種別決算書の目の付け処**

第**1**章

財務を理解するうえで
押さえておきたい基礎

財務の知識は
なぜ必要なのか

なぜ財務は嫌われるのか

「財務…簿記か、よく分からないんだよな」「財務分析苦手なんだよ
ね…」といった声をよく耳にします。財務のプロであるべき金融機関
の人間からも、同じような悩みを耳にするする機会が多々あります。
銀行などでも融資審査の担当者であれば、常に財務諸表と向き合って
仕事をしていますから財務に慣れていますが、業務の担当者などは財
務諸表に接する機会も少なく、座学の財務知識とスキルしかなく、苦
手意識を抱えるケースが多いといえます。ましてや財務諸表とほとん
ど関わりのない仕事をしている人などは、未知の世界のような感じで
はないかと思います。

　なぜ財務は難しいと感じるのでしょうか。財務については「財務諸
表に出てくる勘定科目の種類が多く、なおかつ分かり難い言葉ばかり。
数字が細かく計算するのもうんざりする」というような感想が大半で、
入り口の抵抗感が邪魔して食わず嫌いの状態になっているといえます。

　実は財務なるものは、家計とそんな大きな違いはないのです。ただ、
売掛金や資産の減価償却など、現金や預金が直接動かない取引まで数
字に表れることが分かり難い原因なのです。しかし、しょせんお金の
入りと払いと残高の管理に過ぎません。お金の流れと財務諸表の基本
的な構造を理解して、大きな枠組みでとらえられれば「なんだこんな
もんか、意外とシンプルだ」と思えるのではないでしょうか。

財務スキルを身に付ける目的

　一般的に財務スキルを養う目的は「自分の会社を知る」ことと「お

客様を知る」ことがポイントになります。「自分の会社を知る」ということは、管理会計的なスキル、つまり自分の会社の現状や自分の部署・プロジェクトがどういう状態で、どんな課題があるのか、同時に課題に対して自社として自部門として自身として、何をするべきなのか、方向性と具体的な策を見いだしていくことです。

「お客さんを知る」ことには二面性があります。1つは「与信管理」という点です。どんな仕事だろうが他社と取引をしている以上リスクを負っています。販売先や仕入・外注先の経営の状況や財政状態から、取引をして大丈夫か、どこまで信用できるのかを確認しておく必要があります。

2つ目は「財務情報からビジネスチャンスを見つける」という点です。業界情報やホームページなど様々な定性情報を活用して、自社のビジネスの種を探っていくことが主になりますが、より具体的で正確な実態把握が可能になるのは財務諸表などの定量情報です。その情報を活用していかにビジネスチャンスにつなげていくかです。

金融機関の人間であれば、「お客様を知る」ことが中心になるでしょう。特に融資取引などの「与信行為」が本業ですから、経営実態や信用度合いをより正確に把握することが求められます。そのためには、財務諸表だけに判断材料のウエートを置くのではなく、経営や商流の流れと実態などの定性情報を掌握したうえで、裏付け的に財務情報で確認していく必要があります。単なる数字の分析ではなく、経営実態につないでものを考える思考展開が、より重要になってくると考えるべきです。まして最近の金融営業の重要なミッションとして「ソリューションビジネス・課題解決型営業」が当たり前に要求されています。財務諸表を単なる与信判断の評価材料に留めることなく、金融機関としてのビジネスチャンスを抽出する思考展開も求められているのです。

また「自分の会社を知る」という点でも、単に与えられた目標をこなせばよいというスタンスから、何が自社に求められているのか、何を基軸に仕事をしていくべきなのか、自分の仕事の生産性はどうなの

か、管理会計的な視点も必要になってきているのが、金融機関の経営環境でもあると考えるべきです。

数字に強く、ロジカルにとらえる

　仕事ができる人材は数字に強い、また物事をロジカルにとらえ、常に整理とプライオリティをもって対応する。そのために財務知識を装備すべきであり、知識は現場で活用してこそ価値が出るものです。

「数字に強い」とは、単に計算が早いということだけでなく、様々な数字に敏感になり、想定される背景や対処すべき課題に速やかに対応する、定性情報を瞬時に定量化して、より具体的な対策を提起できることといえます。

「ロジカルにとらえる」とは、企業の収益が改善する悪化する場合には定量的な視点で考えると原理原則があります。同様にキャッシュフローが改善や悪化する場合も当然原理原則があります。定性的な要因を整理するためにも、しっかりとしたマトリックスを持ってとらえることが大切です。同時に、原理原則論を具体的な切り口で現実的な対応ができることが大切で、さらに様々な切り口にプライオリティを持つことも、正確で効果的な対策を打つ重要なポイントになってきます。そのような対応ができる財務知識装備とスキル開発が必要であるといえます。

　同じ財務の勉強をするにしても、しっかりと目的意識や現場活用をイメージして取り組んでいくことが、活きた財務を身に付ける最大のポイントなのです。

比率分析におぼれてはいけない

　財務分析というと、どうしても自己資本比率やROA・ROEといった財務指標を覚えることや、計算された指標の比較をもって評価した

り、取引上の判断をすることと考えがちです。確かに指標の意味を理解して検討することは分析手法として大変重要であり、必要なことでもあります。しかし、それだけでは真の財務分析をしているとはいえません。その計算に使用された数字の根本的な成り立ちや背景を理解したうえで活用しなければ、数字が「高いから良い・低いから悪い」と単純な判断だけになってしまう恐れがあるからです。

　現在の金融機関では、取引先から決算書を入手すると本部やセンターに送付すれば、あらゆる分析指標や評価としての格付けなども自動で行われる便利な時代になっています。また、企業分析の情報やIR情報も様々な角度から細かく分析されたデータが入手できる便利な世の中です。

　しかし、肝心の決算書そのものが持っている、例えばある勘定科目の数字の構築されてきた背景や、変化の意味が理解できていなければ完全なブラックボックス化して、指標だけが独り歩きしてしまう可能性があるのです。その意味でも数字の成立ちとそれぞれの数字の相関関係を理解することが最も大事なのです。そのためには、財務の基本構造をしっかりと自分のものとして消化することが条件になってきます。

お金の流れと財務の基本構造の相関関係を身に付ける

　財務諸表には、貸借対照表（Ｂ／Ｓ）損益計算書（Ｐ／Ｌ）キャッシュフロー計算書（Ｃ／Ｆ）の基本３表があります。上場していない中堅中小企業では、キャッシュフロー計算書の作成は義務付けられていないので財務２表が基本となります。

　ただし、経営者目線の財務は貸借対照表や損益計算書よりもキャッシュフロー計算書を意識しているといっても過言ではありません。いわゆる「身体にバランスシートを持つ」とは、Ｂ／Ｓの現金・預金であるキャッシュの増減を中心に、Ｂ／ＳやＰ／Ｌの動きと連動させて

とらえるスキルを持っているのです。したがって、「キャッシュフロー計算書を身体に持っている」ともいえるのです。経営者とベクトルを合わせるには、絶対キャッシュフロー計算書の構造と他2表との関係性を理解する必要があるともいえます。

　そして、3表の基本構造と関係性をしっかり身に付けるコツは「自分で資金繰りをして自分で決算書を作り、そのうえで改めて深く考えてみる」この過程を踏まない限り、本当の財務を理解することはできないと断言できます。

② 財務諸表の基本構造を 理解する

> ## 財務の基本構造は5つの国からなっている

　会社のカネにまつわることは5つの国で動くと考えてください。

　5つの国とは「資産・負債・純資産・収益・費用」（**図表1-1**）です。そして、それぞれの国には同じような性格を持った「勘定科目」という様々な人々が住んでいると考えてください。

　その国の位置関係は図表1-1のようになっています。左側は「資産・費用」、右側は「負債・純資産・収益」です。そして「資産の国」には「現金・預金や受取手形・売掛金・商品・製品・建物・土地」といったお金の臭いがする勘定科目の人々が住んでいます。反対の右側の「負債の国」には「支払手形・買掛金や短期借入金・未払法人税・長期借入金・社債」といったツケや借金などを背負った人々が住んでいます。同じ右側の「純資産の国」には「資本金や利益剰余金」といった出資や儲けの貯金などをドッシリ抱えた人々が存在しています。

　また「収益の国」には「売上高や受取利息・配当金・受取家賃・有価証券売却益」といったお金を生み出す人々が住んでいます。そして左側の「費用の国」には「売上原価や給料・家賃・支払利息・固定資産売却損」といったお金が出ていく人々が住んでいます。（**図表1-2**）

　実はこのような感性が「経営者目線の財務」では必要なのです。資産の国の人々が減ってきて負債の国の人々が増えてくれば、経営的に問題だと感じるでしょう。また収益の国の人々よりも費用の国の人々が元気で活発でも「まずいな」と思うでしょう。このように優秀な経営者は、数字を単なる数字だけでなく敏感に「数字を感性と面で感じ取ってとらえるスキル」を持っているのです。

13

図表1-1　財務の基本構造

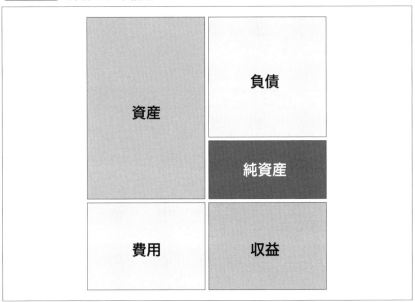

5つの国とお金の流れ（調達と運用）

　様々な企業の取引にまつわるお金の動きは、前述した5つの国で動いてきます。具体的には、右の負債と純資産・収益の3つの国からお金が入ってきて、左の資産か費用に存在しているといえます。右側の3つの国を「調達」といいます。つまり会社に入ってくるお金は大まかには「ツケや借金のようなお金」「出資金のような株主の金」「商売などで稼いだお金」の3種類の金が入ってくるのです。

　左側の2つの国を「運用」といいます。つまり右側の3種類の入ってきたお金が「資産として会社に残っている」か「費用として使用され会社から出ている」ということになります。

　したがって、財務の基本構造は「調達と運用」であるともいえ、同時に財務分析の基本も調達と運用であるともいえるのです。つまり、ある一定期間のお金の入り方である調達の特長を確認して、評価と問

図表1-2 財務の基本構造

題点のあぶり出しをすること。一方、調達されたお金の使い方と資産の持ち方である運用の仕方が適切であるかの点検をすることなのです。（**図表1-3**）

図表1-3 お金の流れ：調達と運用

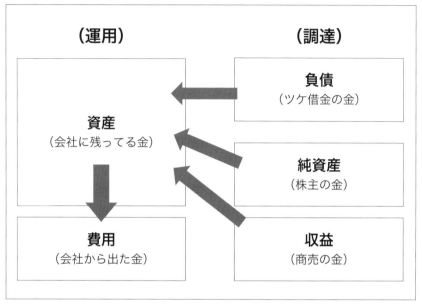

資産の国は他の4つの国に影響される

5つの国のうち中心は「資産」の国になります。資産を増減させているのは、資産以外の4つの国です。例えば、すべての取引を現金で行っていると仮定して考えてみます。

図表1-4で説明しましょう。出資である「純資産」にお金が100入ってきました。他に借金のお金として「負債」からも100入ってきました。合計200の資産として存在することになります。そこに売上である「収益」のお金が300入ってくれば、資産は500になります。そこから経費など「費用」にお金が200出ていけば、資産は300になります。結果として資産は、出資や借金のお金200以外に「収益と費用」の差額分だけ100が資産として増加していることになります（**図表1-4①**）。

逆に「費用」に400使われるなら、資産は100に減額して、出資のお金と借金のお金を「収益と費用の差額の穴埋め」に100使ってしまっ

たことになるのです（**図表1−4②**）。

　このように5つの国の動きを考えると、「負債・純資産・収益」の3つの国のどこから、どれくらいずつ、どんな理由のお金が入ってきているのか、そして、入ってきたお金のうち「資産」に残っているのはどのくらいで、「費用」としていくらくらい使用されているかになります。

　企業にとって良い経営状態とは、「良い運用と良い調達」でもあるということです。**図表1−5**を見てください。調達としての理想的な姿は、なるべく収益の調達を増やすことです。そして調達された資産を、なるべく費用に落とさないように努力して資産を増やしていくことといえます。費用に落とすにしても、より収益に効果的な落とし方をすることや、残った資産もより収益に貢献する持ち方をすることが理想的な運用になります。

　つまり財務分析とは、お金の入り方を確認する「調達の分析」、入ってきたお金の使い方と持ち方の収益に対する効果を点検する「運用の分析」でもあるといえます。

　だから財務分析では、お金の流れをしっかりつかまえることが大事になってくるのです。

図表1−4 お金の流れ：調達と運用

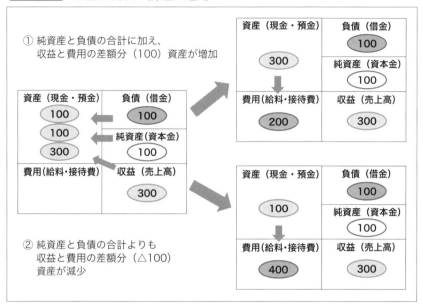

① 純資産と負債の合計に加え、
　収益と費用の差額分（100）資産が増加

② 純資産と負債の合計よりも
　収益と費用の差額分（△100）
　資産が減少

図表1−5 良い運用・調達と悪い運用・調達

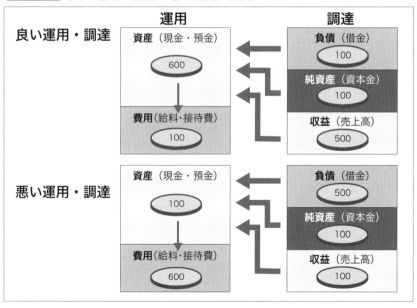

資金繰りと
決算書を作成し
財務3表を理解する

① 財務の基本的動きを見る

財務諸表を作ることが理解の近道

　財務諸表を理解するためには、お金の流れと財務諸表の基本的な構造を動態的につかむことが重要です。それには、実際に自分自身でお金を動かして、自分自身で「決算書」を作ってみることが近道で最良の方法といえます。簡単な動きから基礎をしっかりと身に付ければ、どんな複雑な決算書でも見えてくるでしょう。

　さて、実際に財務諸表を作成してみましょう。まず、物品販売業社のケースを考えてみます。

①資本金1,000万円で会社を設立（**図表2-1**）

　資本金ですから「純資産の国」に1,000万円が計上されます。同時にそれは資産ともなるので、「資産の国」にも現金1,000万円が記載されます。

②商品を3個仕入れ仕入代金300万円を現金で支払う（**図表2-2**）

　この資本金を元手に1個100万円の商品を3個仕入れます。この仕入れは費用となるので、「費用の国」に300万円（100万円×3個）が計上されます。

図表2-1 資本金1,000万円で会社を設立

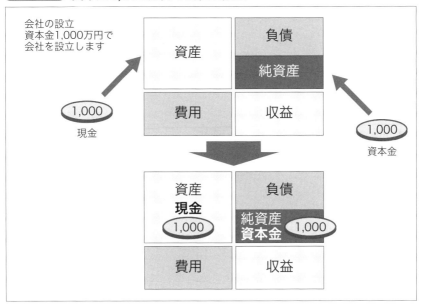

図表2-2 商品3個を300万円で仕入れ

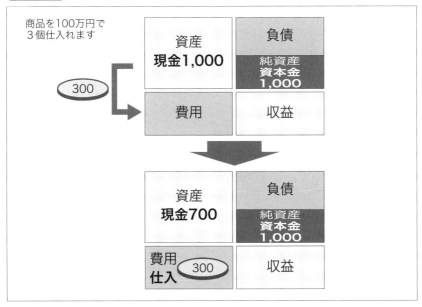

③商品を取引先に1個200万円で3個販売し、代金600万円（200万円×3個）を現金で回収（**図表2−3**）

　600万円売り上げたので、「収益の国」に売上高600万円が計上されます。現金が600万円入ってくるので、同時に「資産の国」にも現金600万円が記載されます。

④社員に給料100万円を支払う（**図表2−4**）

　社員の給料を100万円支払う場合は、「資産の国」にある現金1,300万円（もともとの資産700万円と売上600万円）から支払われることになります。

　この100万円は費用となりますので、「費用の国」に100万円が計上されます。

⑤決算（図表2‐4）

　この会社は、資本金1,000万円で600万円を売り上げたことになります（右側のグループ：調達）。

　一方、現金は1,200万円あり、仕入れに300万円使い社員に給料を100万円払っています（左側のグループ：運用）。

　結果として売上600万円に対して、仕入300万円と給料100万円で、200万円の儲け（利益）が出ている。1,000万円の資本金でスタートした会社が1,200万円と、儲け（利益）の分だけ200万円資産が増加している。

　これで右側と左側の帳尻は合います。

　実際のお金の動きはもっと複雑ですが、原則的には以上のとおりです。

図表2-3 1個200万円で3個販売

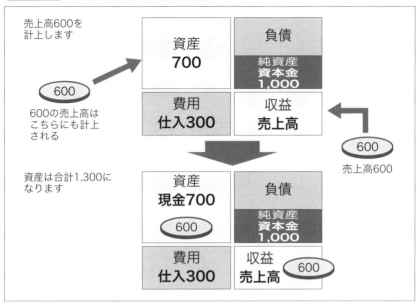

売上高600を
計上します

(600)

600の売上高は
こちらにも計上
される

資産
700

負債

純資産
資本金
1,000

費用
仕入300

収益
売上高

(600)

売上高600

資産は合計1,300に
なります

資産
現金700

(600)

負債

純資産
資本金
1,000

費用
仕入300

収益
売上高

(600)

図表2-4 社員に給料を100万円支払う

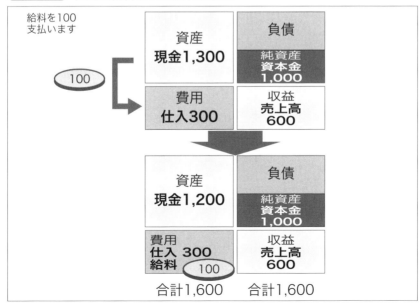

給料を100
支払います

(100)

資産
現金1,300

負債

純資産
資本金
1,000

費用
仕入300

収益
売上高
600

資産
現金1,200

負債

純資産
資本金
1,000

費用
仕入 300
給料 (100)

収益
売上高
600

合計1,600   合計1,600

23

② サービス業の決算書を作る

　次に、サービス業の財務諸表を作成してみましょう。

①資本金1,000万円で会社を設立する（**図表2-5**）

　資本金1,000万円で会社を設立しますから右側の資本金の欄（純資産）に1,000万円を計上し、同時に左側の現金の欄にも1,000万円を計上します。

②備品を200万円で購入する（**図表2-6**）

　備品を200万円分購入したので、資産の現金が200万円減り備品の欄に200万円が計上されます。

③広告宣伝費を100万円使う（図表2‐6）

　広告宣伝費は費用の欄に計上されるので、資産の現金が100万円減り、費用の広告宣伝費の欄に100万円が計上されます。

　このとき現金は1,000万円から、備品200万円、広告宣伝費100万円を支払った残りの700万円となっています。

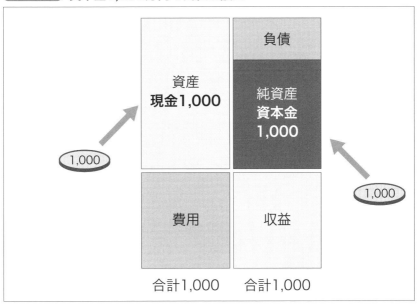

④仕事を受注しコンサルタント料として400万円受け取る（**図表2-7**）

　コンサルタント料として受け取った400万円は売上に計上されるとともに、その分現金が増えているので、現金の欄に400万円が加わり1,100万円となります。

⑤給料として100万円支払う（**図表2-8**）

　社員に給料を100万円支払うということは、現金1,100万円のうち100万円が費用の欄の給料に計上されることになります。

　ここで左側と右側の合計金額を比べてみると、調達グループ（右側）は資本金1,000万円、売上400万円の1,400万円となっています。運用グループである左側は、現金1,000万円、備品200万円、広告宣伝費100万円、給料100万円の1,400万円です。

　さらに上下で比べてみます。まず上側半分の左側と右側を比較すると、右側グループは資本金のみの1,000万円であるのに対して、左側グループは現金1,000万円と備品の200万円の合計1,200万円となっています。これはスタートよりも資産が増加している利益が200万円出ていることになります。

　また利益の半額が法人税と考えると右側は利益が100万円、未払法人税が100万円と計上されます。

　法人税の支払いは、翌期の決算日から2ヵ月以内に支払います（3月決算の会社の場合5月末まで）。したがって、決算日時点では「未払法人税」となります。

　同様に下側半分を比べると、右側グループが売上の400万円、左側グループが広告宣伝費100万円、給料100万円の200万円となります。ここでも200万円の差額があり、これが利益と考えられ半額を法人税とするとそれぞれ100万円ずつ計上されます。

　これらをまとめると**図表2-9**、**2-10**のようになります。

図表2−7　コンサルタント料400万円を受け取る

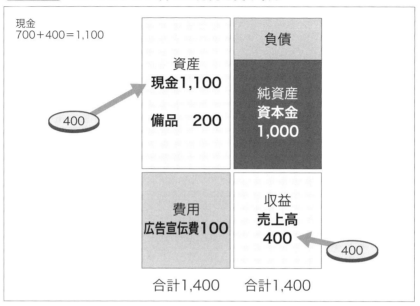

図表2−8　給料100万円を支払う

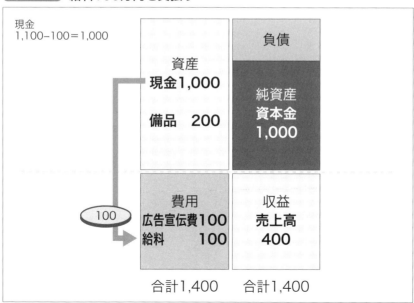

図表2-9 決算をする　利益200万円（半分の100万円は法人税）

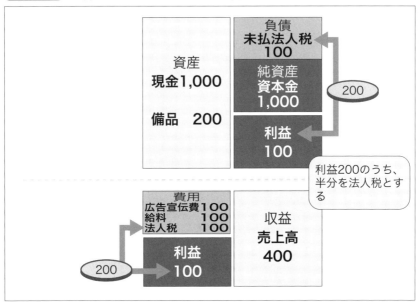

図表2-10 最終的な形

　それらをきちんとまとめた貸借対照表、損益計算書、キャッシュフロー計算書を作成すると**図表2-11、2-12、2-13**のようになります。

　見たことがある決算書となったはずです。

　キャッシュフローについては、貸借対照表が出資のお金以外で200万円増加しています。その理由が損益計算書にあって、期間損益として200万円の利益を上げているからです。同時に資本金の1,000万円でスタートしたキャッシュが設備投資に200万円使用されたものの、利益の200万円で埋められて、スタートと同じ金額になっていることが見えてきます。

　図表2-13の「キャッシュフロー計算書」については、貸借対照表の調達と運用の関係で確認しながら考えてください。

　キャッシュの残高は増減がありません。調達側を確認すると純資産の「税引前当期純利益」が200万円増加しています。運用側を確認すると「固定資産投資等など」が200万円増加しています。つまり、固定資産にキャッシュ（現金・預金）を200万円使用したが、利益が計上された分キャッシュが増加したため、当初の残高を確保できています。この内容をまとめたのが、右側のキャッシュフロー計算書です。

　貸借対照表の調達と運用の動きが「営業活動」と「投資活動」に記録されて「当期純キャッシュフロー」と「現金・預金の増減」に反映しているのです。このように、キャッシュフロー計算書は貸借対照表の動きをキャッシュ中心に増減の理由を表しているものです。また、キャッシュフロー計算書の営業活動の法人税の支払いは、前期分の未払い分と当期の中間納税分になりますから、この期の法人税の支払いはありません。

　このように財務3表はすべてつながっているのです。損益計算書が動くときは貸借対照表とキャッシュフロー計算書も多くの場合に動くのです。中心は貸借対照表で、貸借対照表の増減の要因が損益計算書であり、貸借対照表のキャッシュの動きの明細がキャッシュフロー計算書なのです。連動して見ていくことが大切です。

図表**2-11** 貸借対照表

貸借対照表
令和XY年3月31日 (万円)

流動資産	現 金 ・ 預 金	1,000	支払手形・買掛金		流動負債
			短 期 借 入 金		
	受取手形・売掛金		未 払 金		
	有 価 証 券		未払法人税等	100	
	商 品 ・ 製 品		前 受 金		
	仕 掛 金		預 り 金		
	前 払 金				
	未 収 金		小 計	100	
	貸 倒 引 当 金 ▲		社 債		固定負債
	小 計	1,000	長 期 借 入 金		
固定資産	建 物				
	機 械		小 計	0	
	車 両		資 本 金	1,000	純資産
	備 品	200	資本剰余金 資本準備金		
	減価償却累計額 ▲		利益剰余金 利益準備金		
	土 地		任意積立金		
	投資有価証券		繰越利益剰余金	100	
	保険料積立金		評価・換算差額等		
	小 計	200	小 計	1,100	
	合 計	1,200	合 計	1,200	

図表2-12 損益計算書

損益計算書

令和XX年4月1日から
令和XY年3月31日まで （万円）

項　目	科　目			金　額
売　上　高	売　　　上			400
売 上 原 価	期　首　繰　越　商　品		0	
	当　　期　　仕　　入		0	
	期　末　繰　越　商　品	▲	0	▲　　0
売 上 総 利 益				400
販　売　費 及び 一般管理費	給　　　料	広告宣伝費	交　際　費	
	福利厚生費	旅費交通費	通　信　費	
	消　耗　品	保　険　料	租 税 公 課	▲　200
	支払手数料	家　　　賃	そ　の　他	内、減価償却費
	貸 倒 損 失	貸倒引当金繰入	減価償却費	（　　0）
営 業 利 益				200
営業外収益	受 取 利 息	受取配当金	受 取 家 賃	0
	有価証券売却益	有価証券評価益		
営業外費用	支 払 利 息	支 払 割 引 料	有価証券売却損	0
	有価証券評価損			▲
経 常 利 益				200
特 別 利 益	固定資産売却益	投資有価証券売却益		0
特 別 損 失	固定資産売却損	投資有価証券売却損	投資有価証券評価損	▲　0
税引前当期純利益				200
法人税等充当額				▲　100
当 期 純 利 益				100

図表2-13 キャッシュフロー計算書と貸借対照表の関係

貸借対照表

運用　　調達 [前期対比]

（資産）			（負債）		
現金・預金	+ −	0	支払手形 買掛金	+ −	0
受取手形 売掛金	+ −	0	有利子負債	+ −	0
棚卸資産	+ −	0			
			（純資産）		
固定資産 投資など	⊕ −	200	資本金	+ −	0
			繰越利益剰余金 （税引前当期純利益）	⊕ −	200
			（減価償却費）	+ −	0

キャッシュフロー計算書

（万円）

				金額
営業活動	+	税引前当期純利益	+	200
		減価償却費	+	0
		受取手形・売掛金の減少額	+	0
		棚卸資産の減少額	+	0
		その他流動資産の減少額	+	0
		支払手形・買掛金の増加額	+	0
		その他流動負債の増加額	+	0
	▲	受取手形・売掛金の増加額	▲	0
		棚卸資産の増加額	▲	0
		その他流動資産の増加額	▲	0
		支払手形・買掛金の減少額	▲	0
		その他流動負債の減少額	▲	0
		法人税の支払い	▲	0
		営業活動キャッシュフロー	+	200
投資活動	+	有価証券売却の収入	+	0
		固定資産売却の収入	+	0
		貸付金の回収	+	0
	▲	有価証券購入の支払い	▲	0
		固定資産購入の支払い	▲	200
		貸付金の支払い	▲	0
		投資活動キャッシュフロー	▲	200
財務活動	+	短期借入金の借入	+	0
		長期借入金の借入	+	0
		株式の発行による収入	+	0
	▲	短期借入金の返済	▲	0
		長期借入金の返済	▲	0
		配当金の支払額	▲	0
		財務活動キャッシュフロー	+	0
当期純キャッシュフロー			▲	0
現金・預金の増減			▲	0
期首現金・預金・現金等価物残高				1,000
期末現金・預金・現金等価物残高				1,000

サービス業の決算書のまとめ

　財務３表を作成してみましたが、貸借対照表・損益計算書・キャッシュフロー計算書いずれも相互に関連して最終的にでき上がっていることが分かったと思います。

　サービス業という非常にシンプルな業態の決算書でしたが、貸借対照表の総資産の動き「200万円」の資産の増加が、税金を含めた期間の利益という理想的な調達でなされています。調達された資本金を含めた資金は、設備投資に200万円、残金1,000万円が潤沢な手持ちキャッシュとして運用されていて、余裕のある経営になっています。

　収益力もキャッシュフローも良好で、結果としても健全な財務体質になっているといえます。

　なお、図表２-10にあるように上下で分けていますが、これは上半分が貸借対照表で、下半分が損益計算書を意味しています。損益計算書は、右と左で「収益」「費用」に分かれているものが、全部タテに並んでいます。しかし考え方は簡単で、右から左を順に差し引きながら利益の計算を行っていけばいいのです。

③ 物品販売業の決算書を作る

　さて、実際にものを売り買いしている物品販売業のケースはどうなるでしょうか。サービス業と同様に決算書を作ってみましょう。

①資本金1,000万円で会社を設立（**図表2−14**）

　現金1,000万円で会社を設立すると、資本金の欄に1,000万円を計上すると同時に現金もその分だけ計上されます。

②備品を200万円で購入する（**図表2−15**）

　現金が200万円減り備品の欄に200万円が計上されます。

③1個100万円の商品を4個仕入れる（図表2−15）

　仕入れは費用となりますので、費用の当期仕入のところに400万円（100万円×4個）計上されます。

　このとき現金は1,000万円から、備品200万円、仕入代金400万円を支払った残り400万円となっています。

④仕入れた商品を1個200万円で3個販売する（**図表2−16**）

　仕入れた商品を1個200万円で3個販売することができました。これにより、現金が600万円増えて1,000万円になり、同時に売上高も600万円計上することになります。

⑤給料を100万円支払う（**図表2−17**）

　給料を100万円支払うと現金が100万円減って900万円となり、費用である給料に100万円が計上されます。

図表2-14 資本金1,000万円で会社を設立

図表2-15 備品200万円、商品を４個仕入れ400万円の代金を支払う

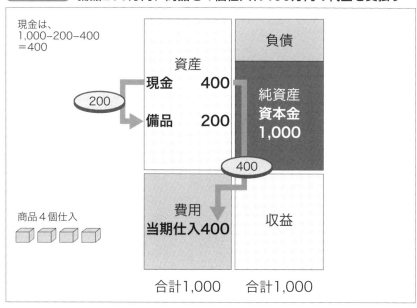

図表2-16 1個200万円で3個販売する

図表2-17 給料を100万円支払う

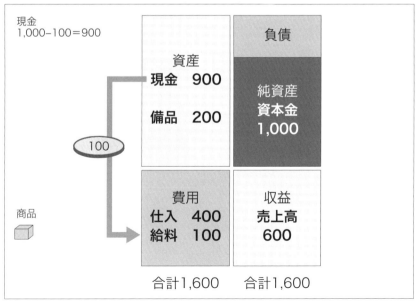

　ここで、左側と右側の合計額が一致するかを確認します。左側の「資産・費用」は合計額が1,600万円となっています。右側の「負債・純資産・収益」もやはり1,600万円となっています。調達と運用の確認です。

　さて問題となるのが、４個仕入れて３個売れたわけですが、残った１個の取扱いがどうなるかということです。当然どこかに計上されなければなりませんが、それは在庫として処理されます。

⑥残った商品を在庫として計上（**図表２−18**）
　残った１個は在庫として計上されますが、これは当期仕入の400万円のうちから100万円が計上されることになりますので、資産の欄の商品のところに100万円が計上されます。そのため、当期仕入は400万円から100万円減って300万円となります。

⑦決算をする（**図表２−19**）
　上下で分けて考えます。上側の左右を見ると負債のグループは資本金の1,000万円のみですが、資産のグループは1,200万円あります。この差額が利益と考えられますので、利益に200万円が計上されます。ただし半額が法人税として利益100万円、未払法人税100万円となります。

　下側も同様に考え、収益は売上の600万円に対して費用は当期仕入300万円、給料100万円となっており、その差額が利益と考えられるので利益は200万円となりますが、法人税をその半額と考え利益に100万円、法人税に100万円が計上されます。

図表2-18 残った商品を在庫として計上

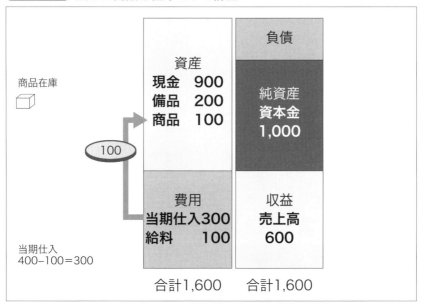

図表2-19 決算をする　利益200万円（半分の100万円は法人税）

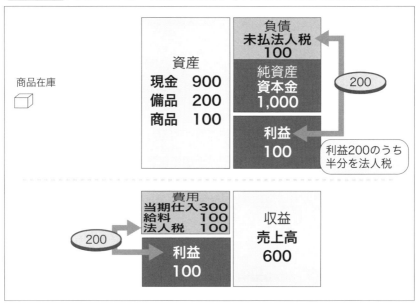

図表2-20 貸借対照表

貸借対照表

令和XY年3月31日 (万円)

流動資産				流動負債	
	現 金 ・ 預 金	900	支払手形・買掛金		
			短 期 借 入 金		
	受取手形・売掛金		未 払 金		
	有 価 証 券		未払法人税等	100	
	商 品 ・ 製 品	100	前 受 金		
	仕 掛 金		預 り 金		
	前 払 金				
	未 収 金		小 計	100	
	貸 倒 引 当 金	▲	社 債		固定負債
	小 計	1,000	長 期 借 入 金		
固定資産	建 物				
	機 械		小 計	0	
	車 両		資 本 金	1,000	純資産
	備 品	200	資本剰余金 資本準備金		
	減価償却累計額	▲	利益剰余金 利益準備金		
	土 地		任意積立金		
	投資有価証券		繰越利益剰余金	100	
	保険料積立金		評価・換算差額等		
	小 計	200	小 計	1,100	
	合 計	1,200	合 計	1,200	

図表2-21 損益計算書

<table>
<tr><td colspan="4" align="center">**損益計算書**
令和XX年4月1日から
令和XY年3月31日まで</td><td align="right">(万円)</td></tr>
<tr><td align="center">項　目</td><td colspan="3" align="center">科　目</td><td align="center">金　額</td></tr>
<tr><td>売　上　高</td><td colspan="3" align="center">売　　　上</td><td align="right">600</td></tr>
<tr><td rowspan="3">売　上　原　価</td><td colspan="2">期　首　繰　越　商　品</td><td align="right">0</td><td rowspan="3"></td></tr>
<tr><td colspan="2">当　　期　　仕　　入</td><td align="right">400</td></tr>
<tr><td colspan="2">期　末　繰　越　商　品 ▲　　100</td><td align="right">▲　　300</td></tr>
<tr><td>売 上 総 利 益</td><td colspan="3"></td><td align="right">300</td></tr>
<tr><td rowspan="5">販　売　費
及　び
一般管理費</td><td>給　　料</td><td>広告宣伝費</td><td>交　際　費</td><td rowspan="5"></td></tr>
<tr><td>福利厚生費</td><td>旅費交通費</td><td>通　信　費</td></tr>
<tr><td>消　耗　品</td><td>保　険　料</td><td>租 税 公 課　　▲　　100</td></tr>
<tr><td>支払手数料</td><td>家　　賃</td><td>そ　の　他　　内、減価償却費</td></tr>
<tr><td>貸 倒 損 失</td><td>貸倒引当金繰入</td><td>減価償却費　　(　　　0)</td></tr>
<tr><td>営 業 利 益</td><td colspan="3"></td><td align="right">200</td></tr>
<tr><td rowspan="2">営 業 外 収 益</td><td>受 取 利 息</td><td>受取配当金</td><td>受 取 家 賃</td><td rowspan="2" align="right">0</td></tr>
<tr><td>有価証券売却益</td><td>有価証券評価益</td><td></td></tr>
<tr><td rowspan="2">営 業 外 費 用</td><td>支 払 利 息</td><td>支払割引料</td><td>有価証券売却損</td><td rowspan="2" align="right">0
▲</td></tr>
<tr><td>有価証券評価損</td><td></td><td></td></tr>
<tr><td>経 常 利 益</td><td colspan="3"></td><td align="right">200</td></tr>
<tr><td>特 別 利 益</td><td>固定資産売却益</td><td>投資有価証券売却益</td><td></td><td align="right">0</td></tr>
<tr><td>特 別 損 失</td><td>固定資産売却損</td><td>投資有価証券売却損</td><td>投資有価証券評価損</td><td align="right">▲　　0</td></tr>
<tr><td>税引前当期純利益</td><td colspan="3"></td><td align="right">200</td></tr>
<tr><td>法人税等充当額</td><td colspan="3"></td><td align="right">▲　　100</td></tr>
<tr><td>当 期 純 利 益</td><td colspan="3"></td><td align="right">100</td></tr>
</table>

図表2−22 キャッシュフロー計算書と貸借対照表の関係

貸借対照表

運用

調達 [前期対比]

（資産）		（負債）	
現金・預金	+ 100 ⊖	支払手形 買掛金	+ 0 −
受取手形 売掛金	+ 0 −	有利子負債	+ 0 −
棚卸資産	⊕ 100 −		
		（純資産）	
固定資産 投資など	⊕ 200 −	資本金	+ 0 −
		繰越利益剰余金 (税引前当期純利益)	⊕ 200 −
		（減価償却費）	+ 0 −

キャッシュフロー計算書

(万円)

				金額
営業活動	+	税引前当期純利益	+	200
		減価償却費	+	0
		受取手形・売掛金の減少額	+	0
		棚卸資産の減少額	+	0
		その他流動資産の減少額	+	0
		支払手形・買掛金の増加額	+	0
		その他流動負債の増加額	+	0
	▲	受取手形・売掛金の増加額	▲	0
		棚卸資産の増加額	▲	100
		その他流動資産の増加額	▲	0
		支払手形・買掛金の減少額	▲	0
		その他流動負債の減少額	▲	0
		法人税の支払い	▲	0
		営業活動キャッシュフロー	+	100
投資活動	+	有価証券売却の収入	+	0
		固定資産売却の収入	+	0
		貸付金の回収	+	0
	▲	有価証券購入の支払い	▲	0
		固定資産購入の支払い	▲	200
		貸付金の支払い	▲	0
		投資活動キャッシュフロー	▲	200
財務活動	+	短期借入金の借入	+	0
		長期借入金の借入	+	0
		株式の発行による収入	+	0
	▲	短期借入金の返済	▲	0
		長期借入金の返済	▲	0
		配当金の支払額	▲	0
		財務活動キャッシュフロー	+	0
当期純キャッシュフロー			▲	100
現金・預金の増減			▲	100
期首現金・預金・現金等価物残高				1,000
期末現金・預金・現金等価物残高				900

これを元に貸借対照表（**図表2-20**）と損益計算書（**図表2-21**）・キャッシュフロー計算書（**図表2-22**）を作成します。

総資産はサービス業と同様ですが200万円増加しています。その理由は損益計算書で確認できる成績が200万円利益を出しているからです。ただし、貸借対照表の資産の中身が現金と備品以外に商品・製品として100万円存在しています。つまり在庫です。

キャッシュフロー計算書を確認すると、1,000万円でスタートしたキャッシュが900万円に100万円減少しています。これは、設備投資（備品）に200万円使用している以外に、100万円が商品在庫に回っていることが確認できます。運転資金が発生している状態です（図表2-22）。

物品販売業の決算書のまとめ

物品販売業の決算で問題になってくるのは「売上原価の計算」です（**図表2-23**）。

在庫を確認して売れた分を算出する「棚卸計算法」ともいいます。今回の決算では、貸借対照表の資産の持ち方にも「在庫」という項目が発生しています。お金が寝ている状態です。したがって、キャッシュフロー計算書の営業活動キャッシュフローも、利益分増加せず在庫資金という運転資金に運用されていることが分かります。

特に物品販売業の場合は、在庫が増えるとお金がたくさん必要になりますから要注意です。

図表2-23 売上原価の計算

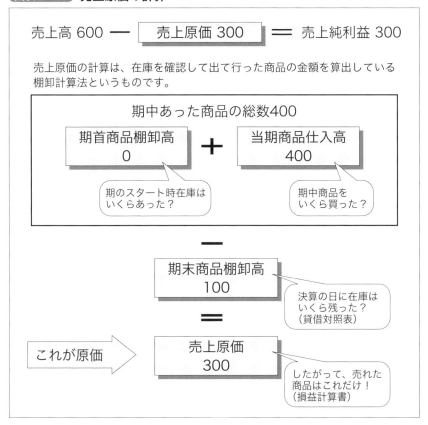

売上高 600 ── 売上原価 300 ══ 売上純利益 300

売上原価の計算は、在庫を確認して出て行った商品の金額を算出している棚卸計算法というものです。

期中あった商品の総数400

期首商品棚卸高
0

＋

当期商品仕入高
400

期のスタート時在庫はいくらあった？

期中商品をいくら買った？

━

期末商品棚卸高
100

決算の日に在庫はいくら残った？（貸借対照表）

══

これが原価

売上原価
300

したがって、売れた商品はこれだけ！（損益計算書）

棚卸と在庫の重要性について

　貸借対照表を確認する場合の重要なポイントに「在庫」があります。在庫のことを「棚卸資産」ともいいます。企業経営では、在庫の管理が非常に大事な仕事になります。また、在庫をいかに少なくするかも重要な経営改善テーマになってきます。今ではどの業界でも「かんばん方式（ジャストインタイム）」といった在庫管理システムが当たり前になっています。

　なぜ、そこまで在庫に神経を使うのでしょうか。在庫が多いことがすべて問題というわけではありません。豊富な品揃えを目指している企業もあるからです。

　しかし、在庫は「お金が寝てしまいます」「現物がある以上管理費用がかかります」「時期を逸した場合、腐ったり価値が落ちます」となり、「在庫三悪」といっても過言ではありません。企業では大きな損失にもつながりかねないので、在庫管理には非常に気を付けているのです。

　また、粉飾決算によく在庫を利用される場合が多いのです。

　例えば**図表2−24**を見てください。期末商品棚卸高を意図的に操作すれば、売上原価が変化して売上総利益も操作できることが分かると思います。したがって、棚卸とは極めて重要な仕事であるともいえるのです。

　棚卸の計算方法には「先入先出法・移動平均法・総平均法」等の代表的な方法がありますが、重要なことは棚卸の目的と意味・影響について理解することであり、詳細な説明は省略します。

図表2-24 在庫と棚卸の重要性

売上総利益（粗利益）を計算するときに必要な売上原価を求めるには、棚卸をして、在庫の金額（棚卸高）を確定しなければなりません。もし、棚卸の金額を間違うと、利益も変わってきてしまいます。粉飾決算でよく使われる方法に「在庫の水増し」「在庫の過小評価」があります。このように、在庫の棚卸ということは重要な仕事です。

管理のしっかりしている企業とは、定期的に「棚卸」を行って、「月次決算」をするなど収益管理ができている企業のことです。

売上高	100
売上原価	▲30
期首商品棚卸高	10
当期商品仕入高	50
期末商品棚卸高	▲30*
売上総利益（粗利益）	70

期末棚卸
10水増し →

売上高	100
売上原価	▲20
期首商品棚卸高	10
当期商品仕入高	50
期末商品棚卸高	▲40*
売上総利益（粗利益）	80

＊期末商品棚卸高を意図的に操作「在庫の水増し」

棚卸資産の計算方法

- 先入先出法（先に仕入れた商品から出て行くと仮定して、計算をする）
- 移動平均法（商品の入庫の都度、平均単価を変更する）
- 総平均法（年間の平均単価で計算する）

④ そもそも財務諸表とは何か

企業の状況を把握する健康診断書

　ここで、財務諸表を再度確認してみましょう。

　財務諸表とは企業の健康診断書（報告書）ともいわれます。健康診断書は様々な数値から体の大きさや重さ、そして体調などがチェックできるようになっています。また同時にどんな生活をしてきたか、一定期間の活動記録にもなっています。

　健康診断書は人の身体の状況を把握するものですが、企業の身体、すなわち経営状況を把握するものが**財務諸表**です。

　財務諸表と一口にいってもいくつかあります。「貸借対照表」「損益計算書」「キャッシュフロー計算書」の基本3表があり、その他に包括利益計算書や株主資本等変動計算書などがあります（**図表2-25**）。製造業の場合は、製造原価報告書という大事な付属明細があります。この中でも、まず「基本3表」をしっかりと理解することが肝心です。

　この3表は、それぞれが相互に関係して構成されており、貸借対照表を中心に動いています。貸借対照表の数字が増加したり減少したりする理由が、同じ貸借対照表にあったり、損益計算書の数字が要因だったりします。また、貸借対照表でも、特に重要なキャッシュの増減理由がキャッシュフロー計算書に存在しています。

　財務諸表は、いわばお金の流れから5つの国の関係を表す相関図といえるものです。

　ここで簡単に貸借対照表、損益計算書、キャッシュフロー計算書の仕組みや構造について触れておきましょう。

　貸借対照表とは様々な企業活動の結果としてのある時点（例えば3月31日現在）の財産の状況を示すもので、どういう財産を所有してい

て、その財産がどんな理由で積み上げられてきたのかを表しています。財産の出所を表す理由が、自分の出資や過去の儲けの結果なのか、他の人に借りてきたような理由で積み上げられているのかを表しているのです。5つの国でいえば上部に位置する「資産」「負債」「純資産」の3つの国です。

損益計算書は、一定期間のお金の出入り、商売を中心とした営業成績状況を示しており、この期間に売上がどの程度で、経費がどれだけかかり、結果として利益はいくらだったかを表しています。5つの国では、下部の「収益」と「費用」の2つの国です。

キャッシュフロー計算書は損益計算書と同じようにお金の出入りを

図表2-25 財務諸表

B／S 貸借対照表	P／L 損益計算書	財務3表
C／F キャッシュフロー計算書		

※包括利益計算書	株主資本等変動計算書

個別注記表	付属明細表	事業報告書

※製造業の場合は、P／Lの付属明細として「製造原価報告書」
（製品を製造するときにいくらお金がかかったか販売した製品の原価を求める資料）を作成しています。
※「包括利益計算書」は上場企業の連結決算のみに必要です。

表していますが、損益計算書と異なるのは要因別に整理して経営上の特徴や問題点を明らかにしているという点です。「営業活動キャッシュフロー」「投資活動キャッシュフロー」「財務投資キャッシュフロー」の３つの視点から検討していくもので、「資産」の国の一部の動きを管理し確認できるものです。

財務諸表から何が分かるのか

　財務諸表から分かることは、先に説明しましたが基本的には企業の経営成績と財政状態が見えてきます。経営成績といっても、どのくらいの商売の大きさで、どれだけの儲けが見込めるのか、どんな経費を使って商売をしているのか、さらに細かく見ていけば、いくらくらいの給料や賞与を支払っているのか、使用している事務所などにいくらくらいの家賃を支払っているのか、研究開発にお金を使っているのか、どのくらいの金利で借入れをしているのか、関連会社や投資から配当金などを得ているのか、本業以外の家賃収入などがあるのか、土地の売却などしなかったのかなども見えてきます。

　財政状態としては、どんな資産を所有して商売をしているのか、お金の必要な会社か潤沢な会社か、所有している設備や投資はどんな種類でどれくらいか、借金はいくらくらいあるのか、退職金の準備をしているか、過去にどのくらい儲けたかなどが見えてきます。

　財務諸表から読み取らなければならない重要なポイントは、お金の動きから、経営活動の背景と方向性、そして企業価値そのものを測ることです。

財務諸表それぞれの役割

　財務諸表の基本３表の中でも中心となっているのは、所有している資産の現在価値を表す「貸借対照表」であり、これにより企業の財政

状態が確認できます。

　その貸借対照表を増減させている要因の一つに「損益計算書」があります。一定期間の商売の成果である損益が記されたもので、収益が費用を上回っていれば資産を増加させますし、下回っていれば減少させます。会社の経営成績を確認できる重要な表になります。

　また、貸借対照表の現金・預金いわゆる「キャッシュ」の増減の理由が記されたもので「キャッシュフロー計算書」があります。これは、企業の大切な資金繰りの状態を確認することができます。

「**株主資本等変動計算書**」は、貸借対照表の中で損益計算書に関係しない資本金の増資や、配当金の支払い、自己株式の取得など「純資産」に関係するお金の増減を記したものです。株主対策・資本政策などを確認できます。

　それぞれの財務諸表は別々の名前で呼ばれていますが、別々に存在しているわけではなく、すべて相互につながっています。したがって、財務諸表を理解するには、個別にそれぞれ精査するよりも、まず全体感をつかむことが大切です。

　また、調達されたお金と所有している特定の項目のフローの動きをさらに細かく確認する資料として、キャッシュの動きを確認するキャッシュフロー計算書、増資や配当の支払いなどの動きを確認する株主資本等移動計算書があるのです。

「**製造原価報告書**」は損益計算書の費用明細です。製造業では製造原価報告書といいますが、業種が変わるとその名称も変わり、建設業であれば「完成工事原価報告書」、運送業であれば「営業原価報告書」と呼ばれます。

　国際会計基準により、上場企業の連結決算では「連結包括利益計算書」の作成が必要になります。包括利益とは、所有している資産を厳格に現在価値で把握しておくことで、正確な企業価値を株主に知らせることを目的としています。

　現在日本の上場企業では、所有している有価証券や、海外子会社の

資産などについて、値段が変更したり、為替の関係で価値が変動していれば、それぞれ貸借対照表に記載されている資産の金額を増減させて、純資産の「その他包括利益累計額」で調整しているのです。例えば、海外子会社が所有している資産（純資産）が円高で価値が下がっている場合、「為替換算調整勘定」のマイナスとして資産と純資産を減らしているのです。

　その増減の明細が「連結包括利益計算書」です。

5 貸借対照表(B／S)とは

財務諸表の基本は貸借対照表

　これまでも説明してきたように、財務諸表の基本は貸借対照表です。貸借対照表の仕組みと役割を理解することが、企業の財務状況を「見る力」「読む力」をつける最大のポイントとなります。

　貸借対照表はストックを表しており、一時点（例えば○○年3月31日）の資産の所有状況と借入金などの状況、出資と利益の積上げの状況が記録されています。

　そもそも、企業の資産はどのようにして構築されているのでしょうか。実は2つの要因でできています。図表2-26を見てください。

　1つは、銀行から借り入れたり仕入先にツケで購入してきたものなど、後で支払うことを約束して購入してきた資産や、いわゆる「人様にご迷惑をおかけして引っ張ってきた財産」です。ですからこれを「他人資本」といいます。

　そしてもう1つは、出資やこれまで商売で積み上げてきた儲けである利益で、いわゆる「自分のお金で積み上げてきた財産」です。これを「自己資本」といいます。

　つまり、資産は自己資本と他人資本でできているのです。そして、自己資本と他人資本を貸借対照表上の「調達」といいます。実は、貸借対照表を分析するうえで、調達の分析が大事なポイントとなります。

　貸借対照表には企業のこれまでの利益の積み重ねなどが表されており、いうなれば企業の歴史を表しています。そこで、資産の調達が過去の利益で積み上げられた「良い調達」とされる自己資本（純資産）が中心なのか、最終的には支払いを要する条件となっている「注意を要する調達」の他人資本（負債）が中心なのかを確認していきます。

図表2-26 財務の基本構造とお金の流れ

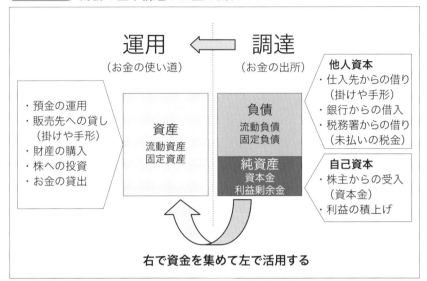

企業は常識的な資産を所有している

次に資産を確認します。企業は商売によって常識的な資産の持ち方をします。

例えば、鉄道会社であれば線路や車両・電気設備など莫大な財産を所有して経営をしています。銀行などの金融機関は、顧客から預かった莫大なお金を元手に経営をしています。

そこで、次の項目を確認します。

- ・所有している財産が適正な資産構成になっているか
- ・その資産が有効に活用されているか
- ・所有している資産がどのようなコストを発生しているか
- ・資産が収益にどれくらい効果を出しているか
- ・所有している資産の価値が適正か
- ・所有している資産に棄損が発生していないか

先ほども説明したように、「資産」の調達理由が「負債と純資産」です。当然、どれだけ資産が多くても調達の理由が負債中心では、決して安心できる良い企業とはいえません。できるだけ純資産中心の調達であることが望ましいのです。

このように、貸借対照表のポイントは「良い理由で調達されたのか」「調達された資産は価値があり、収益に貢献しているのか」を点検することにあります。

資産と負債は「流動」と「固定」に分かれる

また、これら資産は負債も同様ですが、時間軸により2つに分けられます。その分けた結果が、「流動資産」「流動負債」と「固定資産」「固定負債」です。

「**流動資産**」は時間軸として1年以内にお金になる資産、主に現金預金・受取手形・売掛金・在庫・短期貸付金などです。「**流動負債**」は1年以内に支払うべき債務で支払手形・買掛金・短期借入金などになります。

「**固定資産**」は比較的お金に換えにくい資産を指し、建物・機械・土地などがあります。1年以上かけてゆっくり返済する債務が「**固定負債**」で長期借入金・社債などが代表的なものです。

固定資産は資産の性質によって「有形と無形」に分かれます。有形固定資産は工場の建物や土地・機械など形のあるものです。これに対して無形固定資産は形のない特許権・営業権やのれんなどです。

また、固定資産にある「投資その他資産」は、1年以上持ち続ける株式などの有価証券や関係会社に対する貸付金、事務所を借りた場合に支払う敷金・保証金などの権利になります。

純資産は出資と利益の積上げ

　純資産は過去から積み上げられてきた良い調達といえます。株主によって拠出された「資本金・資本剰余金」と、過去から利益を積み上げてきている「利益剰余金」に分けられます。

　その他に、自社で発行している株式を自身が所有すると「自己株式」として純資産にマイナス計上されます。これは、上場企業なら株主対策として自社株買いをしている場合です。上場以外のオーナー経営などでは、相続に伴い相続人から株式を買い上げることがあります。事業承継対策の一環としてよく行われることです。

　純資産には、上場企業の連結決算で義務付けられている「その他包括利益累計額」があります。国際会計基準の関係で所有している有価証券の価値について「その他有価証券評価差額金」、その他に「非支配株主持分」などもあります。

　非支配株主配分とは、連結決算では連結対象会社が100％株式を所有していれば問題ないのですが、他の人や企業が一部株式を所有している場合は、「他の人の持分がある」と表記しておくのです。自己資本比率を厳格に計算する場合は、純資産の金額から差し引いて計算します。

　海外子会社がある場合、円高・円安など為替の関係で所有資産の価値が増減するため「為替換算調整勘定」やデリバティブ取引などによって発生している損得「繰延ヘッジ損益」など、いわゆる時価換算を表しています。

　上場企業でも、単体や上場していない企業の決算は関係ないため、存在と大まかな意味で理解しておけばよいでしょう。

6 損益計算書(P／L)とは

　損益計算書は、一定期間の「収益と費用」の内容を表す資料で、経営成績を示す活動報告書です。一般的には1年間という期間に関する報告になるケースがほとんどです。

　損益計算書をよく見ると、収益といっても何種類かで構成されていることが分かります（**図表2−27**）。

　第1に、商売の本業の稼ぎを示す「**売上高**」があります。次に、本業に準じて発生したり、本業とは全く違う分野での稼ぎを表す「**営業外収益**」。例えば、預金の利息や株式の配当金、本業以外の賃貸している不動産の家賃収入、1年以内の短期で売却したり購入したりして運用する株式や債券の売却益などが該当します。

　そして、経営的には特別な場合に発生する「**特別利益**」があります。所有不動産を売却したことで発生する売却益や、長期所有している株式や債券の売却益などがあります。

　逆に費用も同様で、売上に直接関係する費用として、商品の仕入れや製品の製造にかかった材料費や外注費などの「**売上原価**」で、一般的に「原価」といわれているものです。

　さらに、本業を推進する営業や管理関係で使用される費用として「**販売費・一般管理費**」があります。例えば、社長をはじめ役員の給与や社員の給与・賞与などの人件費、事務所の家賃や光熱費関係、接待費や広告宣伝費などがこれに当たります。一般的によく「経費」といわれているものです。

　その他にも、本業に付随して発生したり、本業以外で発生する費用である「**営業外費用**」。銀行からの借入金の利息、短期で運用してい

る有価証券の損失や為替差損などが該当します。そして、経営的には特別な場合に発生する「**特別損失**」があります。リストラによる退職金や株式の持ち合いなどで長期的に所有している株式の売却による損失などです。最終的に利益が確定し計算される「法人税」も費用に準じるものとされます。

図表2-27 損益計算書（P／L）の仕組み

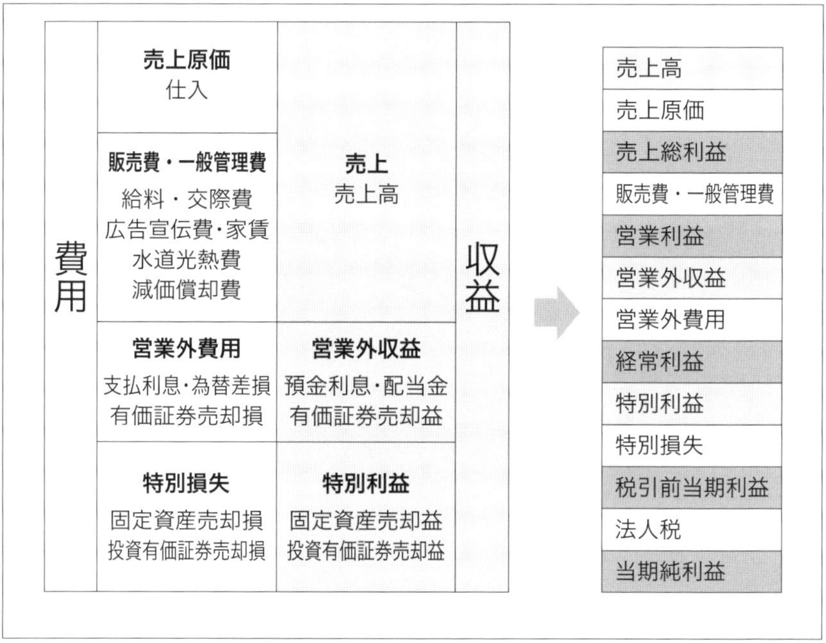

利益のうち3段階が最も重要

　これらを、各収益項目から費用項目ごとに順に差し引いて、それぞれの段階でいくら利益が出ているかを確認していくのです。それが次の5つの段階です。

　第1段階　売上高－売上原価＝「売上総利益」
　第2段階　売上総利益－販売費・一般管理費＝「営業利益」

第３段階　営業利益＋営業外収益－営業外費用＝「**経常利益**」
第４段階　経常利益＋特別利益－特別損失＝「**税引前当期利益**」
第５段階　税引前当期利益－法人税＝「**当期純利益**」

　これが利益５段階ですが、経営的に最も重要な利益は「**売上総利益**」「**営業利益**」「**経常利益**」の利益３段階です。というのも、本業を中心とした経営によって利益を出せているかどうかを判断する目安だからです。

　いくら当期純利益を出していても営業利益や経常利益が赤字では、「本業で儲ける力がないのではないか」と判断されます。逆に当期純利益が赤字でも、営業利益や経常利益が黒字なら「本業で儲ける力がある」と判断できます。

　一方、特別利益や特別損失は特殊で一過性のケースが多いといえます。ただし、特別利益や特別損失が、本業にどの程度の影響を与えるかが重要になってきます。したがって、その影響度合いを十分に確認しておく必要があります。

　何度も繰り返しますが、経営の本質的な儲けを示すのが「売上総利益」です。一般的には「粗利益」通称「粗利（あらり）」と呼んでいます。経営にとって最も重要な利益の段階と断言してもよいでしょう。企業経営の最大の課題は「粗利の拡大」「粗利益率の改善」といっても過言ではありません。一般的に「いったん粗利益率が落ちてしまうと、その回復は非常に難しい」といわれています。それほど経営の屋台骨に該当するのが粗利です。

　したがって、損益計算書は売上総利益を中心とした、利益３段階で本業を確認することが基本となります。

⑦ キャッシュフロー計算書 とは

キャッシュフロー計算書は資金繰り表でもある

　キャッシュフロー計算書は、貸借対照表の中の流動資産にある「現金・預金」の動きを表しています。キャッシュフロー計算書における「キャッシュ」とは、現金に加え現金同等物を含みます。預金はキャッシュとみなされますが、厳格には定期預金や金銭信託は期間3ヵ月以内のものが該当し、3ヵ月以上のものは「投資」と考えます。その他、小切手などもキャッシュに該当します。

　なお、本書では期間にこだわらず現金・預金をキャッシュと考えています。

　さて、貸借対照表の中でもキャッシュに着目して別管理をするのはなぜでしょうか。「勘定合って銭足らず」という言葉があるように、企業にいくら利益があってもキャッシュがなくなったら倒産します。自由にできるキャッシュを潤沢に持っていれば、積極的な投資に向けたり、経営の改善に使うことができます。欧米では古くから損益計算書以上にキャッシュフロー計算書が重要視されていて、M＆Aなどにおいて企業価値を計算する場合の根拠としても使用されています。

　キャッシュフロー計算書は、ある期の決算をスタートする時点でのキャッシュの残高が、期の最後である期末の時点でいくらになって、どんな理由で増減したのかを表しています。現金・預金の動きの明細でもあり、経営活動の具体的なお金の流れから企業経営の動きと同時に戦略も見えてくるのが特徴です。

　期首・期末のキャッシュの残高の増減理由を「**営業活動キャッシュフロー**」「**財務活動キャッシュフロー**」「**投資活動キャッシュフロー**」

の３つの要素に分解して整理をしています（**図表２−28**）。

　少しイメージしてみてください。
「商売が順調で儲かっている」なら貸借対照表の資産が増え、すべて現金・預金で受け取っていれば現金・預金が増加しているはずです。
「しかし回収が売掛・手形ばっかり」であれば現金・預金ではなく受取手形・売掛金が増加しています。
「さらに今期は銀行から借り入れた」なら、負債である借入金の分だけ現金・預金が増えているはずです。
「工場の生産体制の更新で、大規模な設備投資をした」のであれば、設備投資をした工事代金や機械の購入資金を支払った分だけ、現金・預金が減少しているはずです。
　このような動きをまとめたものが、キャッシュフロー計算書なのです。
　つまり、貸借対照表の調達と運用の考え方にリンクしているのです。調達されたお金が現金・預金に反映しているか、もし反映していないならどこに行ったのか、「ツケとなり回収できていないのか、在庫として残っているのか」「投資や設備投資に向けられているのか」を確認する資料なのです。

「**営業活動キャッシュフロー**」は、商売の買い・売りや経費の支払いなどの動きのキャッシュがプラスだったかマイナスだったかを表しています。利益が出ていればキャッシュが増えるはずです。
　同時にキャッシュを軸に考えれば、経費として利益からマイナスしている「減価償却費」は実質キャッシュが出ている訳ではないので、利益が出ているのと同様キャッシュがプラスになっているはずです。一方、回収されたお金が現金・預金ではなくて手形や売掛金として多く残っていれば、キャッシュは単純に増えていないはずです。
　逆に利益から差し引いている売上原価の商品代金などが買掛金や支

払手形でキャッシュの支払いが遅れているものが多ければ、キャッシュは減らずにその分残っていると考えることができます。

　したがって、営業活動キャッシュフローは「儲かっているならお金が増える、増えていなければツケか在庫になっている」ことが基本と理解しておきます。

　「**投資活動キャッシュフロー**」は、設備投資や投資をすればキャッシュはマイナスになるし、所有している不動産や株式を売却すればキャッシュがプラスになります。そのため、投資活動キャッシュフローは「年間でどのくらい設備投資や投資をしたのか、何を売却したのか」など経営の重要で、大きな動きが見えてくることがポイントです。

　「**財務活動キャッシュフロー**」は、銀行からお金を借りたり、増資をするとキャッシュはプラスになります。逆に借金を返済すればマイナスになります。したがって、財務活動キャッシュフローは「年間で金融機関との取引で、借入れした金額と返済した金額がどのくらいで、増資による資金調達をしていないか」など企業の資本政策や金融機関との取引状況が見えてくるのです。

　営業活動・財務活動・投資活動それぞれのキャッシュの動きから全体感を把握し、どういう経営上の動きがあるのかを確認できるものです。

　最も理想的なキャッシュフロー経営とは「利益を上げてキャッシュを増やし、前向きな投資にお金を向けて営業活動を活性化する。同時に借入金の返済に充てて財務体質を強化する」ことが経営目標でもあるのです（図表2－28）。

図表2-28 3つのキャッシュとは

営業活動キャッシュフロー

　通常の商売の売りと買い、給料、家賃等の経費支払で、現金が増えたのか減ったのかを検証します。

　企業で最も大事なキャッシュです。

投資活動キャッシュフロー

　設備投資や有価証券を購入すればお金が出て行きますから、キャッシュのマイナス、逆に売却すればお金が入ってきますから、キャッシュのプラスとなります。

　投資に関係してお金が増えたのか減ったのかを検証します。

財務活動キャッシュフロー

　お金を借りればキャッシュがプラス、返済をすればキャッシュがマイナスになります。増資や社債の発行もキャッシュのプラスです。

　金融関係でお金が増えたのか、減ったのかを検証します。

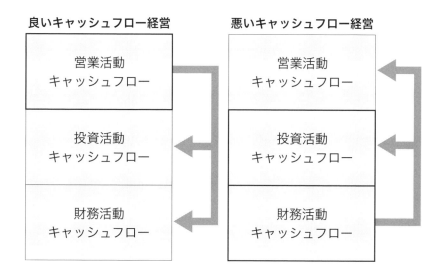

2,0000000000000000000

キャッシュフロー計算書と貸借対照表の関係

　実際のキャッシュフロー計算書を確認していきましょう。**図表2-29**を見てください。

「キャッシュフロー計算書と貸借対照表の関係」から見ていきます。貸借対照表の資産・負債・純資産の増減に伴う「調達と運用」で考えてください。

　支払手形・買掛金増加分200、有利子負債の増加分500、税引前当期純利益200、減価償却費100、合計1,000が、新たにキャッシュを増加させる「調達」として発生しています。

　ところが「運用」側のキャッシュ（現金・預金）は200減ってしまい、どこか別の場所に運用されていることになっています。実は、資本金の1,000に新たに調達された1,000の合計2,000のキャッシュが、受取手形・売掛金600と棚卸資産（在庫）200が運転資金に、固定資産400が設備投資資金として運用されたため、元々所有していた資本金1,000のキャッシュが▲200と減ってしまっているのです。

　以上のことをまとめた表が「**キャッシュフロー計算書**」です。

　営業活動キャッシュフローは「利益と減価償却300と買いのツケの増加200でキャッシュを増やしたが、それ以上に回収が悪く売りのツケが600増え、売れずに在庫として200が寝てしまい、運転資金として300足りなくなっている」ということです。

　投資活動キャッシュフローは「設備投資して固定資産を購入した分400キャッシュを使っている」わけです。

　財務活動キャッシュフローは「営業活動で運転資金が300必要になり、設備投資で400必要になり、その分を長期借入金500で調達した」のです。

　しかし、結果として必要なキャッシュを借入金だけでは賄えず、手元のキャッシュが200減少している。「儲かってはいるが、非常にお金の忙しい会社、キャッシュフローの悪い会社」といえます。

図表2-29 キャッシュフロー計算書と貸借対照表の関係

貸借対照表

キャッシュフロー計算書（間接法）

(万円)

区分		項目	符号	金額
営業活動	+	税引前当期純利益	+	200
		減価償却費	+	100
		受取手形・売掛金の減少額	+	0
		棚卸資産の減少額	+	0
		その他流動資産の減少額	+	0
		支払手形・買掛金の増加額	+	200
		その他流動負債の増加額	+	0
	▲	受取手形・売掛金の増加額	▲	600
		棚卸資産の増加額	▲	200
		その他流動資産の増加額	▲	0
		支払手形・買掛金の減少額	▲	0
		その他流動負債の減少額	▲	0
		法人税の支払い	▲	0
		営業活動キャッシュフロー	▲	300
投資活動	+	有価証券売却の収入	+	0
		固定資産売却の収入	+	0
		貸付金の回収	+	0
	▲	有価証券購入の支払い	▲	0
		固定資産購入の支払い	▲	400
		貸付金の支払い	▲	0
		投資活動キャッシュフロー	▲	400
財務活動	+	短期借入金の借入	+	0
		長期借入金の借入	+	500
		株式の発行による収入	+	0
	▲	短期借入金の返済	▲	0
		長期借入金の返済	▲	0
		配当金の支払額	▲	0
		財務活動キャッシュフロー	+	500
当期純キャッシュフロー			▲	200
現金・預金の増減			▲	200
期首現金・預金・現金等価物残高				1,000
期末現金・預金・現金等価物残高				800

8 株主資本等変動計算書とは

株主資本等変動計算書は株主にとってのお金の動き

　キャッシュフロー計算書は、未上場の中堅・中小企業では作成義務はありませんが、同表の配当金の支払いや自己株式取得等の純資産に関係する動きについて「株主資本等変動計算書」の作成が必要です。財務3表には含みませんが、把握しておきましょう（**図表2-30**）。

　例えば増資した場合、損益計算書などには何も記録されませんが、貸借対照表のキャッシュと純資産の資本金が増加します。また、利益剰余金から配当金を支払っても損益計算書には記録されません。繰越利益剰余金とキャッシュが減少するだけです。

　このように資産の動きの中で、株主に対する動きや利益の蓄積に関係する損益以外の動きなどを記録しておく必要があります。それを記録したものが**「株主資本等移動計算書」**です。

　その他、自社の発行している「自己株式」を取得した場合も記録されます。所有している有価証券の価値が増減した場合で、価値が戻る可能性があると判断されるものなども資産の金額を増減して、純資産の「評価・換算差額等」という名目で貸借対照表に記録されます。そのような動きについて株主資本等変動計算書に表されるのです。

　したがって、株主等変動計算書からは「配当政策や、増資・自社株買いなどの資本政策、所有資産の変動」などが見えてくることがポイントとなります。

　貸借対照表でも説明しましたが、同じ純資産の動きでいわゆる時価換算を表す「その他包括利益累計額」等の動きも株主資本等変動計算書に記録されてきています。

図表2-30 株主資本等変動計算書

	株主資本									
		資本剰余金				利益剰余金				
	資本金	資本準備金	その他資本剰余金	資本剰余金合計	利益準備金	その他利益剰余金		利益剰余金合計	自己株式	株主資本合計
						任意積立金	繰越利益剰余金			
前期末残高	1,000	100	0	100	140	1,050	550	1740	▲50	2,790
当期変動額										
新株の発行										
剰余金の配当					10		▲80	▲70		▲70
当期純利益							※200	200		200
自己株式の取得									▲50	▲50
自己株式の処分										0
当期変動額合計	0	0	0	0	10	0	120	130	▲50	80
当期末残高	a1,000	b100	0	100	c150	d1,050	e670	1,870	f▲100	2,870

| | 評価・換算差額等 | | | 新株予約権 | 純資産合計 |
	その他有価証券評価差額金	土地再評価差額金	評価・換算差額等合計		
前期末残高	300	0	300	200	3,290
当期変動額					0
新株の発行					0
剰余金の配当					▲70
当期純利益					200
自己株式の取得					▲50
自己株式の処分					0
当期変動額合計	0	0	0	0	80
当期末残高	300	0	g300	h200	3,370

P／L

損益計算書
自○○年4月1日
至○○年3月31日

Ⅰ	純売上高		12,000
Ⅱ	売上原価		
	期首商品棚卸高	1,000	
	当期商品仕入高	7,000	
	期末商品棚卸高	2,000	6,000
	売上総利益		6,000
Ⅲ	販売費及び一般管理費		
	給料	3,000	
	福利厚生費	300	
	地代・家賃	1,000	
	広告宣伝費	400	
	交際費	100	
	旅費交通費	500	
	減価償却費	200	
	雑費	100	5,600
	営業利益		400
Ⅳ	営業外収益		
	受取利息・配当金	10	
	雑収入	50	60
Ⅴ	営業外費用		
	支払利息・割引料	100	100
	経常利益		360
Ⅵ	特別利益		
	有価証券売却益	300	300
Ⅶ	特別損失		
	固定資産売却損	300	300
	税引前当期純利益		360
	法人税等充当額		160
	※当期純利益		200

＊アルファベットと※は株主資本等変動計算書との
　関係を表しています

B／S

	＜純資産の部＞	
	Ⅰ. 株主資本	2,870
a	1. 資本金	1,000
	2. 資本剰余金	100
b	資本準備金	100
	3. 利益剰余金	1,870
c	利益準備金	150
	その他剰余金	1,720
d	任意積立金	1,050
e	繰越利益剰余金	670
f	4. 自己株式	▲100
g	Ⅱ. 評価・換算差額等	300
h	Ⅲ. 新株予約権	200

運転資金と資金調達・減価償却を含む決算書を作る

　今度は、売上代金が手形や売掛になって資金調達が必要になった場合と、同時に設備投資に対する減価償却を行った場合の決算書を作ってみましょう。現金取引はすべて預金を使用すると考えてください。

①資本金1,000万円で会社を設立（**図表2−31**）
　純資産の資本金と資産の預金に1,000万円が計上されます。

②機械を300万円で購入する（**図表2−32**）
　預金が300万円減って、同じ資産の機械に300万円計上されます。

③1個100万円の商品を5個仕入れる（図表2−32）
　預金が500万円減って、費用の当期仕入に500万円（100万円×5個）計上されます。

④広告宣伝費100万円と交際費100万円を支払う（**図表2−33**）
　預金が200万円減って、費用の広告宣伝費と交際費に各100万円計上されます。

　この段階での預金の残高は0円になってしまい、資金繰りが厳しくなってきました。

⑤商品を200万円で4個販売し、2ヵ月後支払いの売掛金で回収（**図表2−34**）
　収益の売上高に800万円（200万円×4個）と資産の売掛金に800万円計上されます。

図表2-31 1,000万円で会社を設立（預金に入金）

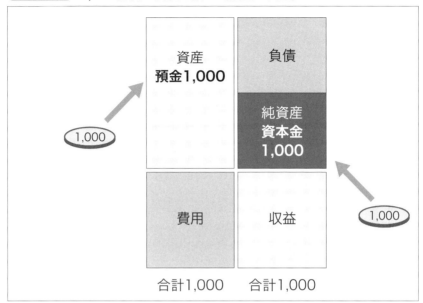

図表2-32 機械300万円、商品を5個仕入れ500万円の代金を支払う

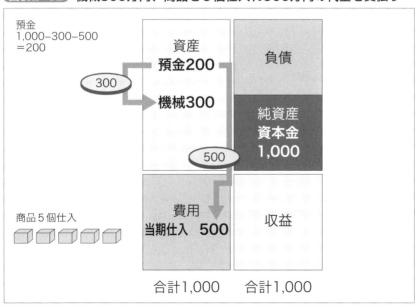

67

図表2-33　広告宣伝費を100万円、交際費を100万円を支払う

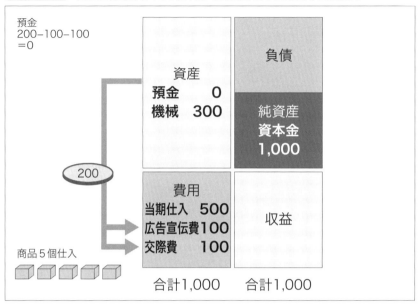

図表2-34　商品を4個800万円売り上げ、代金を手形で回収

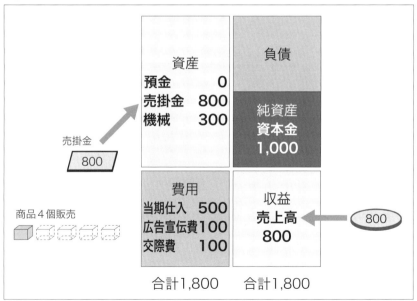

⑥給料を200万円支払いたいが、預金が０円のために銀行から短期で500万円借り入れて支払う。ただし、金利を100万円支払ったので400万円が入金され、給料を支払う（**図表２−35**）

負債の短期借入金に500万円と預金に400万円、費用の支払利息に100万円が計上されます。預金が200万円減って、費用の給料に200万円計上されます。

この段階で預金の残高は200万円となっています。同時に左側と右側の合計を確認すると、2,300万円で一致しています。

⑦残った商品を在庫として資産の商品に計上する（**図表２−36**）

当期仕入が100万円減って、資産の商品が100万円計上されます。

⑧機械を減価償却する（償却金額は100万円）（図表２–36）

費用の減価償却費に100万円と資産の減価償却累計額に▲100万円と計上します。減価償却累計額は固定資産から差し引くことによって、現在の固定資産の価値を求めることになりますので、資産の欄に記載します。減価償却費は１年間どれだけ使ったかという費用になります。

⑨利益と税金（**図表２−37**）

上下で分けて考えてみます。

上側の左右を見ると、資産のグループが1,300万円に対して、負債と純資産のグループは1,500万円になっています。つまり出資したお金と借入で調達されたお金が200万円減っている状態です。

下側の収益が800万円に対して費用が1,000万円ですから、200万円の赤字になっています。したがって、資産も赤字分だけ減っているのです。

上下の利益の欄に▲200万円と計上されます。

図表2-35　銀行から500万円を借り入れて給料を200万円支払う（100万円は金利）

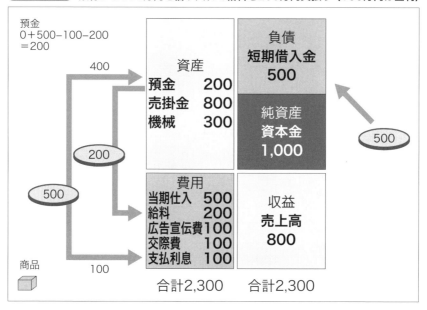

図表2-36　残った商品を在庫に計上し機械を減価償却する

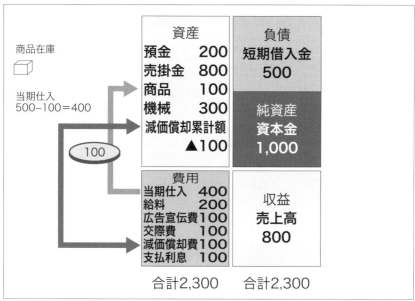

図表2-37 決算をする

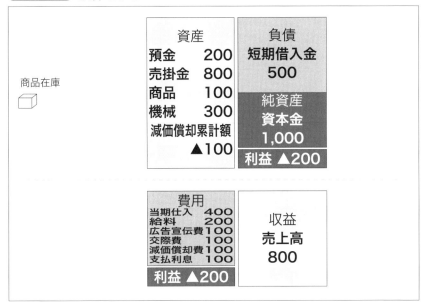

⑩決算書を作成する（**図表2-38、2-39、2-40**）

　図表2-37上部の資産・負債・純資産が貸借対照表（図表2-38）、下部の収益・費用を損益計算書（図表2-39）として作成します。

　総資産は300万円増加していますが、調達はすべて借入金で賄われています。しかし借入金が500万円なのに300万円しか資産は増加していません。これは200万円を赤字補填に使われているためです。ただし、減価償却費はキャッシュの支払いはない名目的費用ですから、実質的な赤字の補填は100万円になります。

　したがって、キャッシュフローで考えると、資本金1000万円でスタートし短期借入金として500万円調達したが、売掛金と商品（在庫）の運転資金で900万円、機械の設備投資で300万円を運用し、さらに赤字補填に100万円使われたため、現金・預金が200万円しか残っていないことが分かります。

　この動きがキャッシュフロー計算書（図表2-40）です。

図表 2−38 貸借対照表

貸借対照表
令和XY年 3 月31日　　　　　　　（万円）

流動資産	現 金 ・ 預 金	200	支払手形・買掛金	500	流動負債
			短 期 借 入 金		
	受取手形・売掛金	800	未 払 金		
	有 価 証 券		未払法人税等		
	商 品 ・ 製 品	100	前 受 金		
	仕 掛 金		預 り 金		
	前 払 金				
	未 収 金		小 計	500	
	貸 倒 引 当 金	▲	社 債		固定負債
	小 計	1,100	長 期 借 入 金		
固定資産	建 物				
	機 械	300	小 計	0	
	車 両		資 本 金	1,000	純資産
	備 品		資本剰余金 資本準備金		
	減価償却累計額	▲ 100	利益剰余金 利益準備金		
	土 地		利益剰余金 任意積立金		
	投資有価証券		利益剰余金 繰越利益剰余金	▲ 200	
	保険料積立金		評価・換算差額等	0	
	小 計	200	小 計	800	
	合 計	1,300	合 計	1,300	

図表2-39 損益計算書

<table>
<tr><th colspan="6" align="center">損益計算書</th></tr>
<tr><td colspan="6" align="center">令和XX年4月1日から
令和XY年3月31日まで　　　　　　　　　（万円）</td></tr>
<tr><th colspan="1">項　目</th><th colspan="3">科　目</th><th colspan="2">金　額</th></tr>
<tr><td>売 上 高</td><td colspan="3" align="center">売　　上</td><td colspan="2" align="right">800</td></tr>
<tr><td rowspan="3">売 上 原 価</td><td colspan="2">期 首 繰 越 商 品</td><td align="right">0</td><td rowspan="3"></td><td rowspan="3"></td></tr>
<tr><td colspan="2">当 　 期 　 仕 　 入</td><td align="right">500</td></tr>
<tr><td colspan="2">期 末 繰 越 商 品</td><td align="right">▲ 100</td><td>▲</td><td align="right">400</td></tr>
<tr><td>売上総利益</td><td colspan="3"></td><td colspan="2" align="right">400</td></tr>
<tr><td rowspan="5">販 売 費

及 び

一般管理費</td><td>給　　　料</td><td>広告宣伝費</td><td>交 　 際 　 費</td><td rowspan="5"></td><td rowspan="5"></td></tr>
<tr><td>福利厚生費</td><td>旅費交通費</td><td>通 　 信 　 費</td></tr>
<tr><td>消 耗 品</td><td>保 　 険 　 料</td><td>租 税 公 課</td></tr>
<tr><td>支払手数料</td><td>家　　　賃</td><td>そ の 他</td></tr>
<tr><td>貸 倒 損 失</td><td>貸倒引当金繰入</td><td>減価償却費</td></tr>
<tr><td>営 業 利 益</td><td colspan="3"></td><td>▲</td><td align="right">100</td></tr>
<tr><td rowspan="2">営業外収益</td><td>受 取 利 息</td><td>受取配当金</td><td>受 取 家 賃</td><td colspan="2" align="right">0</td></tr>
<tr><td>有価証券売却益</td><td>有価証券評価益</td><td></td><td colspan="2"></td></tr>
<tr><td rowspan="2">営業外費用</td><td>支 払 利 息</td><td>支 払 割 引 料</td><td>有価証券売却損</td><td rowspan="2">▲</td><td rowspan="2" align="right">100</td></tr>
<tr><td>有価証券評価損</td><td></td><td></td></tr>
<tr><td>経 常 利 益</td><td colspan="3"></td><td>▲</td><td align="right">200</td></tr>
<tr><td>特 別 利 益</td><td>固定資産売却益</td><td>投資有価証券売却益</td><td></td><td colspan="2" align="right">0</td></tr>
<tr><td>特 別 損 失</td><td>固定資産売却損</td><td>投資有価証券売却損</td><td>投資有価証券評価損</td><td>▲</td><td align="right">0</td></tr>
<tr><td>税引前当期純利益</td><td colspan="3"></td><td>▲</td><td align="right">200</td></tr>
<tr><td>法人税等充当額</td><td colspan="3"></td><td>▲</td><td align="right">0</td></tr>
<tr><td>当 期 純 利 益</td><td colspan="3"></td><td>▲</td><td align="right">200</td></tr>
</table>

販売費及び一般管理費の金額欄: ▲ 500（内、減価償却費（ 100））

図表2-40　キャッシュフロー計算書と貸借対照表の関係

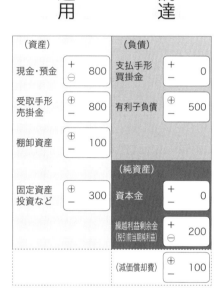

貸借対照表

運用　調達　[前期対比]

（資産）		（負債）	
現金・預金	＋⊖ 800	支払手形買掛金	＋－ 0
受取手形売掛金	⊕－ 800	有利子負債	⊕－ 500
棚卸資産	⊕－ 100		
		（純資産）	
固定資産投資など	⊕－ 300	資本金	＋－ 0
		繰越利益剰余金（税引前当期純利益）	＋⊖ 200
		（減価償却費）	⊕－ 100

キャッシュフロー計算書

（万円）

			金額
営業活動	＋	税引前当期純利益	▲ 200
		減価償却費	＋ 100
		受取手形・売掛金の減少額	＋ 0
		棚卸資産の減少額	＋ 0
		その他流動資産の減少額	＋ 0
		支払手形・買掛金の増加額	＋ 0
		その他流動負債の増加額	＋ 0
	▲	受取手形・売掛金の増加額	▲ 800
		棚卸資産の増加額	▲ 100
		その他流動資産の増加額	▲ 0
		支払手形・買掛金の減少額	▲ 0
		その他流動負債の減少額	▲ 0
		法人税の支払い	▲ 0
		営業活動キャッシュフロー	▲ 1,000
投資活動	＋	有価証券売却の収入	＋ 0
		固定資産売却の収入	＋ 0
		貸付金の回収	＋ 0
	▲	有価証券購入の支払い	▲ 0
		固定資産購入の支払い	▲ 300
		貸付金の支払い	▲ 0
		投資活動キャッシュフロー	▲ 300
財務活動	＋	短期借入金の借入	＋ 500
		長期借入金の借入	＋ 0
		株式の発行による収入	＋ 0
	▲	短期借入金の返済	▲ 0
		長期借入金の返済	▲ 0
		配当金の支払額	▲ 0
		財務活動キャッシュフロー	＋ 500
当期純キャッシュフロー			▲ 800
現金・預金の増減			▲ 800
期首現金・預金・現金等価物残高			1,000
期末現金・預金・現金等価物残高			200

運転資金と資金調達の決算書のまとめ

　資金繰りの厳しい会社の決算をしてみたら、赤字になってしまいました。総資産は300万円増加していますが、調達の相手が問題です。短期借入金の500万円です。この会社の場合「有利子負債に依存した調達構造」になっています。その場合、借入利息という余計なコストが発生して利益を減らしています。経営で最も注意を要する調達です。

　さらに、500万円借入れで調達しているのに、300万円しか資産は増加していないのです。残りの200万円は損益の赤字の穴埋めに使用されていることが分かります。資産の増加の仕方としては最悪です。

　もしも売掛金が相手企業の倒産で回収不能になったら、それこそ一大事で、連鎖倒産しかねないリスクも負っていることになります。極めて損益もキャッシュフローも悪い危ない会社の見本になっています。

　やはり「営業活動キャッシュフロー」の改善が最大のテーマです。いかに収益を上げて回収を早めるかが最大の課題の企業といえます。

⑩ 減価償却とは

金額の決め方は2種類ある

　決算書を見るうえで必ず「分かりにくい」といわれるものに「減価償却」があります。

　企業の購入する10万円以上の資産については「高額な資産の購入であり、設備投資である」という考え方があります。単純に費用として処理するのではなく、いったん資産として計上することになります。10万円以上する資産が購入して数ヵ月で消耗してしまうなら別ですが、多くは一定期間使用しますから、会計では、購入代金を資産の使用できる期間に案分して費用とする考え方をとります。これを「減価償却」といって、この価値の減価を経費として費用化したものが「**減価償却費**」です。

　使用できる期間は資産ごとに異なりますから、資産の種類によって費用化する期間が税法で決められています。この期間のことを「**法定償却年数**」といいます。

　減価償却には償却の仕方として、金額の決め方と表示の仕方にそれぞれ2種類あります。

　まず金額の決め方ですが、毎期の償却する金額の決め方に「**定額法**」と「**定率法**」があります。定額法とは毎期同じ金額を減価償却して費用化していく方法です。一方、定率法とは資産の値段に毎期同じ率（償却率）を乗じて算出した金額を減価償却して費用化していく方法です（**図表2−41**）。

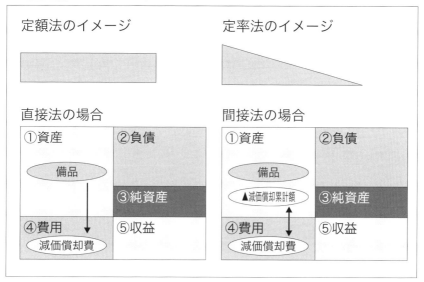

図表2-41 定額法と定率法

定額法のイメージ　　　　　定率法のイメージ

直接法の場合　　　　　　　間接法の場合

①資産　　　②負債　　　　①資産　　　②負債
　備品　　　③純資産　　　　備品　　　③純資産
　　　　　　　　　　　　▲減価償却累計額
④費用　　　⑤収益　　　④費用　　　⑤収益
　減価償却費　　　　　　　減価償却費

　例えば「50万円の資産で法定償却年数5年の場合」の償却金額は、次のようになります。

・**定額法**

　50万円÷5年間＝10万円×5年間

・**定率法**

　1年目：50万円×償却率0.4（仮の数字です）＝20万円

　2年目：（50万円−1年目の償却額20万円）×0.4＝12万円

　この式からも分かるとおり、定額法は毎年同じ金額ですが、定率法は最初の償却金額は多いものの徐々に少なくなっていきます。ただし、最終的に資産を完全に廃棄しない限り、5年目に1円だけを残して減価償却します。

　この1円のことを「**備忘価格**」といいます。もし、完全に廃棄した場合は、「固定資産除去損」として1円が費用化します。

表示の仕方にも**2**種類ある

　表示の仕方としては「**直接法**」と「**間接法**」があります。

　直接法は、減価償却した金額を資産から直接差し引く方法です。

　間接法は、資産の金額はそのままにして、資産のマイナス勘定科目として「**減価償却累計額**」という表示をします。間接法の場合、資産の元々の価値が表示されていて、現在時点でどのくらい経過し古くなって価値が下がっているかを表示します。

　したがって、間接法のほうが親切であるともいえます。以下、本書では特段の説明がない限り、間接法での説明となります。

　減価償却費のポイントとしては、費用といっても給料や家賃などと違い「キャッシュ」の支払いが発生しない経費である点です。この点も会計独特で、分かりにくさにつながっています。

　もし1円に価値が下がっても、使用できるのなら50万円の資産ですから、経営的な目線で考えると、お金も払っていないのに費用にできて「節税にもつながり」、1円になっても使い続けることができれば、1円の資産で収益を生み出すことができるのです。

　したがって、償却資産は償却年数以上に使用することでメリットが増してきます。「設備は償却期間以上に使用することに意味がある、タダ同然の資産で稼げる、だから資産は大事に使え」ともいわれています。

　中小企業の節税対策などで、多くの場合まず検討されるのが、「生産性に結び付く設備投資をして償却負担を増やす」「来期実施する予定の設備投資を前倒しで行う」ことで費用を増やし税金を減らすことです。

　また、銀行や設備の販売業者などが、決算書からビジネスチャンスを見つける方法に「設備」と「減価償却累計額」の金額を確認し、2つの金額が近づいてくれば「そろそろ設備の償却が終わり、設備の更新の可能性がある」と見当をつけて営業を展開します。

「お持ちの設備の償却が進んでいるようですが、いつ頃更新のご予定
ですか」と設備投資の可能性を探ります。

　また、企業は経営環境や業績が厳しくなってくると、意図的に償却
の方法を「定率法から定額法に変更する」などの策を弄することがあ
ります。その点は与信管理上注意が必要です。

⑪ 資金繰り表とは

▶ 月次・日次でキャッシュを管理

　財務諸表の一種というより、管理会計における企業の重要な経営管理として「資金繰り管理」というものがあります。

　資金繰り表とキャッシュフロー計算書は似ていますが、キャッシュフロー計算書は1年間のキャッシュのトータルな増減と期首・期末のキャッシュの残高を表す財務諸表なのに対し、資金繰り表は現金・預金、中でも普通預金か当座預金の残高が足りるか足りないかを管理する資料です（**図表2−42**）。

　一般的にお金の入出金が多い会社、特に支払いのタイミングが月中に何度か発生する場合は、日次で資金繰りを管理する必要があります。「資金繰り表」とは、日次月次で管理を行う管理資料のことで、「金繰り表」ともいわれます。

　資金繰り表は、収入項目と支出項目そして差引過不足、不足していれば調達項目を記して残高を管理していきます。この管理がいい加減では心配で経営できません。経営者は「損益管理は大雑把でも資金繰りの管理だけは厳密」なことが多いようです。つまり財務管理の基本となるものです。

　ただし、キャッシュフロー計算書でも分かるように、資金繰りが順調でも損益が赤字であれば、徐々に資金繰りが悪化してくるのが一般的なため、損益と資金繰りの管理のバランスが非常に重要なのは当然です。

図表2−42 資金繰り表

（万円）

		1月	2月	3月	4月
収入	先月より繰越 （1月は資本金）	1,000	200		
	売上代金	0	800		
	小　計　（A）	1,000	1,000		
支出	仕　入　代　金	500			
	経費　人件費	200			
	その他	200			
	返済　元　金				
	支払利息（後取）				
	設備投資	300			
	その他				
	小計（B）	1,200			
差　引　過　不　足 （A）−（B）＝（C）		▲200			
調達	借　入	500			
	支払利息（前取）	▲100	▲	▲	▲
	小　計　（D）	400			
翌　月　へ　繰　越 （C）＋（D）		200			

⑫ 製造業の決算書を作る

　製造業の決算書を簡単な形で作成してみましょう。

　ポイントは、工場関係のお金の管理について、独立した「製造原価報告書」を損益計算書の付属資料として作成することです。しかし最終的には、すべて貸借対照表と損益計算書とキャッシュフロー計算書の一部に含まれている動きに過ぎないのです。

前提条件：工程期間1ヵ月（製品ができ上がるまでの期間）として減価償却は月次で行うとします。

①資本金2,000万円で会社を設立（**図表2-43**）
　純資産の「資本金」と資産の「預金」に2,000万円が計上されます。

②工場の生産設備として500万円の機械を購入する（図表2-43）
　預金が500万円減って資産の「機械」に500万円が計上されます。

③材料800万円を購入する（図表2-43）
　預金が800万円減って資産の「原材料」に800万円が計上されます。

④工場が稼働して材料が300万円分生産ラインに投入され、同時に工場労働者の給料（労務費）200万円と経費（工場の光熱費・家賃等）100万円と外注費100万円を支払う。同時に当月分の機械の減価償却（経費）を100万円とした（**図表2-44**）

　原材料が300万円減って工場勘定の「材料費」に300万円計上されます。預金が400万円減って工場勘定の「労務費」に200万円「経費」に100万円「外注費」に100万円計上されます。工場勘定の経費「減価償却費」と資産の「減価償却累計額」に各100万円計上されます。

図表2-43 2,000万円で会社を設立し、原材料800万円、機械500万円を購入

預金
2,000-800-500
=700

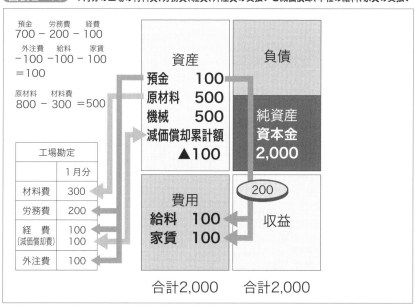

図表2-44 1月分の工場の材料費、労務費、経費、外注費の支払いと減価償却、本社の給料、家賃の支払い

預金　労務費　経費
700 - 200 - 100

外注費　給料　家賃
-100 -100 - 100
=100

原材料　材料費
800 - 300 =500

工場勘定	
	1月分
材料費	300
労務費	200
経　費 (減価償却費)	100 100
外注費	100

⑤本社社員の給料100万円と家賃100万円を支払う（図表2-44）

　預金が200万円減って費用の「給料」「家賃」に各100万円が計上されます。

　この時点の預金残高は100万円になっています。

⑥2月になり製品が8個完成（**図表2-45**）

　先に工場勘定に投入された「材料費・労務費・経費・外注費」計800万円が製品の原価となります。

⑦完成した製品のうち6個（1個200万円）を1,200万円で販売して代金を回収（図表2-45）

　収益の「売上高」に1,200万円、預金に1,200万円が計上されます。

⑧2月の稼働に伴い、材料400万円投入、工場労働者の給料200万円、工場経費100万円、外注費100万円を支払い、同時に2月分の減価償却を100万円（**図表2-46**）

　原材料が400万円と預金が400万円減って、工場勘定の材料費に400万円、労務費に200万円、経費と外注費に各100万円を計上、工場勘定の経費に減価償却費と資産の減価償却累計額に各100万円を追加計上し、減価償却累計額は200万円になります。

⑨本社社員の給料100万円と家賃100万円を支払う（図表2-46）

　預金が200万円減って費用の「給料」「家賃」に各100万円が計上されます。

　この時点の預金残高は700万円になっています。

⑩決算をする（**図表2-47**）

図表2-45 1月投入分で製品8個完成し6個販売

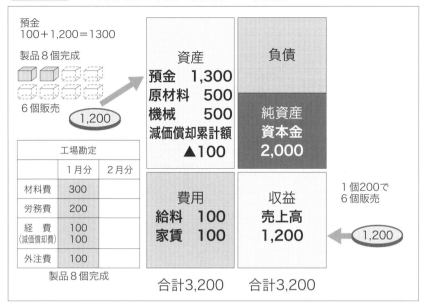

図表2-46 2月分の工場の材料費、労務費、経費、外注費の支払いと減価償却、本社の給料、家賃の支払い

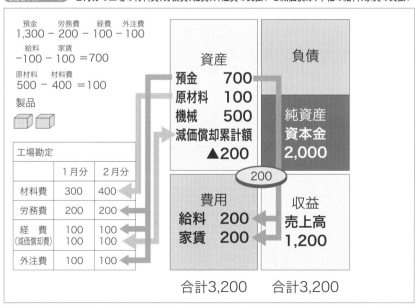

図表2-47　決算をする

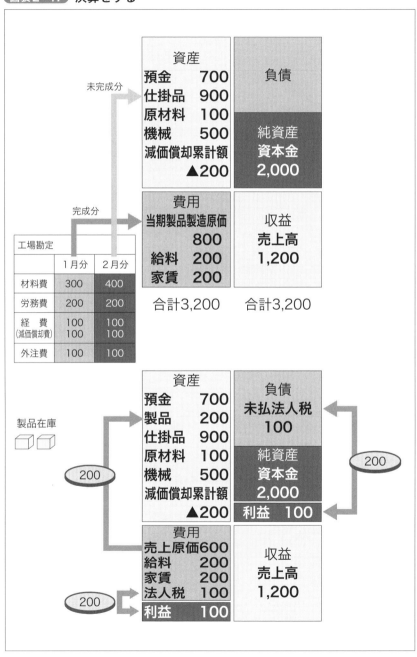

　図表2−48の「製造原価報告書」をつくっていきましょう。今期工場に、どんなお金が投入されて、製品として完成した分と未完成で残った分を表します。

　まず、工場勘定から1月分と2月分の「材料費・労務費・経費・外注費」1,700万円を「製造原価報告書」の「当期製造費用」欄に記入します。次に決算の時点でまだ製品になっていない分（これを「仕掛品」という。工場のライン在庫）を「期末仕掛品原価」欄に記入します。

「期首仕掛品原価」欄は、本決算がスタートですから0円です。したがって「当期製造総費用」は1,700万円です。（当期製造費用＋期首仕掛品原価）。これが、今期工場にあったすべてのお金の合計額です。

　次に「期末仕掛品原価」は2月投入分の「材料費・労務費・経費・外注費」ですから900万円と記入されます。この分が未完成品で工場に残ったお金です。この900万円が貸借対照表の資産の欄「仕掛品」に計上されます。

　したがって「当期製品製造原価」は800万円になります。（当期製造総費用．期末仕掛品原価）。これが今期つくられた製品の原価です。この800万円が損益計算書の「当期製品製造原価」に記入されます。

　これで製造原価報告書の完成です。

　次に図表2−50の損益計算書ですが、売上高1,200万円は問題ないですが、売上原価の欄は問題です。「期首繰越製品」は設立初年度ですから0円で、「当期製品製造原価」は先ほど作成した製造原価報告書から数字を持ってきます。棚卸の結果として製品が2個在庫として残ってしまうので「期末繰越商品」に2個分の原価200万円を記入して、売上原価600万円を算出します。販売費・一般管理費以下は他の決算と同様です。

　図表2−49の貸借対照表について、流動資産の欄の「商品・製品」に損益計算書で明らかになった在庫「期末繰越商品」200万円を記入します。そして製造原価報告書で明らかになった工場の在庫「期末仕

図表2-48　製造原価報告書（メーカー）

項　　　　目			金額
Ⅰ．材料費			700
Ⅱ．労務費			400
Ⅲ．経費	1．一般経費	200	400
	2．減価償却費	200	
Ⅳ．外注費			200
当　期　製　造　総　費　用			1,700
期　首　仕　掛　品　原　価			0
合　　　　　　　　計			1,700
期　末　仕　掛　品　原　価			▲900
当　期　製　品　製　造　原　価			800

掛品原価」900万円と、もう一つの在庫である「原材料」100万円を記入します。

　固定資産・負債・純資産の記入は他の決算書と同様です。

　図表2-51のキャッシュフロー計算書ですが、貸借対照表の調達と運用から考えると繰越利益剰余金増加分（税引前当期純利益）200万円と減価償却費200万円の合計400万円が資産を増加させる調達になっています。

　一方、現金・預金が2,000万円から700万円に1,300万円減少して、先程の調達400万円と合わせた合計1,700万円のキャッシュが、製品・仕掛品・原材料の在庫に1,200万円と設備投資に500万円運用されていることになっています。この内容を記入したものがキャッシュフロー計算書となります。

図表2-49 貸借対照表（B／S）

貸借対照表
令和XY年3月31日 （万円）

資産			負債・純資産		
流動資産	現金・預金	700	流動負債	支払手形・買掛金	
	受取手形・売掛金			短期借入金	
	有価証券			未払金	
	商品・製品	200		未払法人税等	100
	仕掛金	900		前受金	
	原材料	100		預り金	
	未収金			小計	100
	貸倒引当金	▲	固定負債	社債	
	小計	1,900		長期借入金	
固定資産	建物			小計	0
	機械	500	純資産	資本金	2,000
	車両			資本準備金（資本剰余金）	
	備品			利益準備金（利益剰余金）	
	減価償却累計額	▲ 200		任意積立金（利益剰余金）	
	土地			繰越利益剰余金（利益剰余金）	100
	投資有価証券			評価・換算差額等	
	保険料積立金				
	小計	300		小計	2,100
	合計	2,200		合計	2,200

※ 商品・製品200、仕掛金900、原材料100は棚卸資産

図表2-50 損益計算書（P／L）

損益計算書

令和XX年4月1日から
令和XY年3月31日まで　　　　　　　　　　（万円）

項　目	科　目			金　額
売　上　高	売　　　上			1,200
売　上　原　価	期　首　繰　越　製　品		0	
	当　期　製　品　製　造　原　価		800	
	期　末　繰　越　製　品	▲　　200	▲	600
売　上　総　利　益				600
販　売　費 及び 一般管理費	給　　　料	広告宣伝費	交　際　費	
	福利厚生費	旅費交通費	通　信　費	
	消　耗　品	保　険　料	租　税　公　課	▲　　400
	支払手数料	家　　　賃	そ　の　他	内、減価償却費
	貸　倒　損　失	貸倒引当金繰入	減価償却費	（　　　0）
営　業　利　益				200
営　業　外　収　益	受　取　利　息	受取配当金	受　取　家　賃	0
	有価証券売却益	有価証券評価益		
営　業　外　費　用	支　払　利　息	支　払　割引料	有価証券売却損	
	有価証券評価損			▲　　0
経　常　利　益				200
特　別　利　益	固定資産売却益	投資有価証券売却益		0
特　別　損　失	固定資産売却損	投資有価証券売却損	投資有価証券評価損	▲　　0
税引前当期純利益				200
法人税等充当額				▲　　100
当期純利益				100

図表2-51 キャッシュフロー計算書と貸借対照表の関係

貸借対照表

運用

調達 [前期対比]

（資産）		（負債）	
現金・預金	+ 1,300 ⊖	支払手形 買掛金	+ 0 −
受取手形 売掛金	+ 0 −	有利子負債	+ 0 −
棚卸資産	⊕ 1,200 −		
		（純資産）	
固定資産 投資など	⊕ 500 −	資本金	+ 0 −
		繰越利益剰余金 (税引前当期純利益)	⊕ 200 −
		（減価償却費）	⊕ 200 −

キャッシュフロー計算書

(万円)

			金額	
営業活動	+	税引前当期純利益	+	200
		減価償却費	+	200
		受取手形・売掛金の減少額	+	0
		棚卸資産の減少額	+	0
		その他流動資産の減少額	+	0
		支払手形・買掛金の増加額	+	0
		その他流動負債の増加額	+	0
	▲	受取手形・売掛金の増加額	▲	0
		棚卸資産の増加額	▲	1,200
		その他流動資産の増加額	▲	0
		支払手形・買掛金の減少額	▲	0
		その他流動負債の減少額	▲	0
		法人税の支払い	▲	0
		営業活動キャッシュフロー	▲	800
投資活動	+	有価証券売却の収入	+	0
		固定資産売却の収入	+	0
		貸付金の回収	+	0
	▲	有価証券購入の支払い	▲	0
		固定資産購入の支払い	▲	500
		貸付金の支払い	▲	0
		投資活動キャッシュフロー	▲	500
財務活動	+	短期借入金の借入	+	0
		長期借入金の借入	+	0
		株式の発行による収入	+	0
	▲	短期借入金の返済	▲	0
		長期借入金の返済	▲	0
		配当金の支払額	▲	0
		財務活動キャッシュフロー	+	0
当期純キャッシュフロー			▲	1,300
現金・預金の増減			▲	1,300
期首現金・預金・現金等価物残高				2,000
期末現金・預金・現金等価物残高				700

製造業の決算書のまとめ

　製造業の決算でポイントになるのは「製造原価報告書」です。製品をつくるためにいくら要したかを表します。そこで算出された「当期製品製造原価」が損益計算書の売上原価の計算に入ってきます。逆に未完成で工場のラインに投入された材料費・労務費・経費・外注費は、「仕掛品」という在庫として資産に計上されます。

　さらに完成した製品のうち、製品の棚卸の結果、在庫として残った分を「製品」として資産に計上します。

　製造業の場合は複数の在庫が存在することになりますが、この在庫の動きが生産活動のバロメータにもなります。特に「仕掛品」や原材料が増加していれば一般的には増産体制で「売上高」も増えてきます。ところが、売上高が増えていない状態で仕掛品や原材料が増えている場合は、原材料や外注費の値上がりや、生産停滞などが発生していることがあります。

　したがって、在庫の動きが経営状態まで表すことになります。

　今回の決算は、在庫が多くてキャッシュフローが厳しい状態になっています。なるべく早く在庫を製品に完成させて、販売することが課題です。

⑬ 建設業の決算書を作る

次に建設業の決算書を作成してみましょう。

ポイントは製造業と一緒です。お金の管理を現場ごとに行い、工事の「完成工事原価報告書」を損益計算書の付属資料として作成します。

大まかな仕事の流れは「契約⇒設計⇒確認申請⇒基礎工事⇒躯体工事⇒設備工事⇒内装工事⇒外装工事⇒完成引渡」となります。

お金の流れは「工事着工時（着手金）、中間時（中間金）、完成引渡時（完成引渡金）に各3分の1ずつ」分割で受け取ります。

完成して引き渡す前に受け取るお金を「未成工事受入金（未完成工事受入金：前受金）」、逆に工事が完了する前に支払うお金を「未成工事支出金（未完成工事支出金：前払金）」といいます。

＊今回のお金のやり取りは、着手時と完成時の2回とします。

①資本金1,000万円で会社を設立（**図表2-52**）

純資産の「資本金」と資産の「預金」に1,000万円が計上されます。

②工事現場で使用する機械を500万円で購入（図表2-52）

預金が500万円減って資産の「機械」に500万円が計上されます。

③顧客Aの工事請負契約が成立して（契約金額2,000万円）、前受金として1,000万円を受け取る（**図表2-53**）

負債の「未成工事受入金」と資産に各1,000万円を計上します。

預金は1,000万円増えて1,500万円になります。

図表2-52 1,000万円で会社を設立し機械を500万円で購入

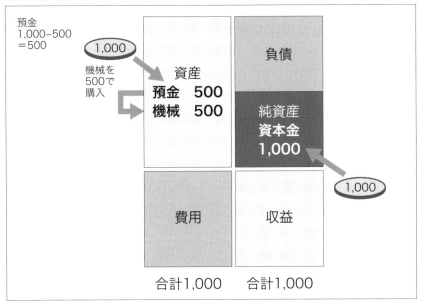

図表2-53 前受金1,000万円を受け取る

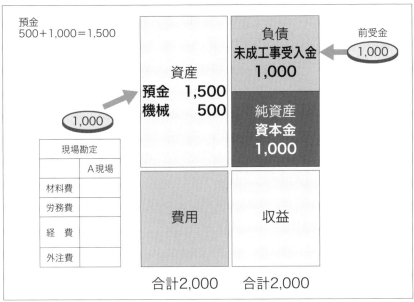

④いよいよ設計から工事に着工、設計事務所に100万円を支払う（**図表2-54**）

　預金が100万円減りA現場勘定の「外注費」に100万円計上します。

⑤基礎・躯体工事に入り、材料代金200万円と下請け工事業者に200万円を支払う。同時に自社の現場監督や職人に給料（労務費）200万円を支払う（図表2-54）

　預金が600万円減ってA現場勘定の「材料費」に200万円と「外注費」に200万円、「労務費」に200万円を計上します。

⑥電気や水回り等の設備工事と内装工事を行い、材料代金200万円と下請け業者に300万円を支払い、その後外装と外溝工事として下請け業者に100万円を支払う。同時にA現場事務所関係の諸経費100万円を支払う（**図表2-55**）

　預金が600万円減ってA現場勘定の「材料費」に200万円「外注費」に400万円（300万円＋100万円）を、「経費」に100万円を計上します。

　この時点での預金の残高は100万円となります。

⑦顧客Bとの工事請負契約が成立して（契約金額1,800万円）、前受金として900万円を受け取る（図表2-55）

　預金と未成工事受入金に900万円が計上されます。

⑧B工事現場が設計から着工、設計事務所に100万円を支払う（図表2-55）

　預金が100万円減り「外注費」に100万円計上します。

図表2-54　A工事費用1,400万円支払う

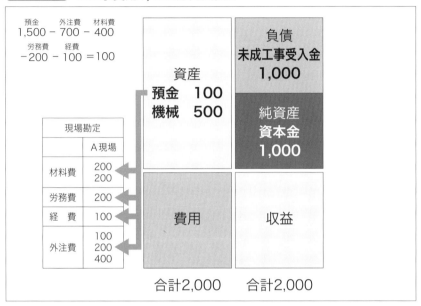

図表2-55　B工事が始まる

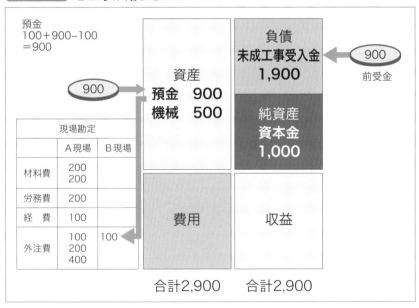

⑨B工事現場は基礎・躯体工事に入り、材料代金100万円と下請け工事業者に200万円を支払う。同時に、自社の現場監督や職人の給料100万円、現場関係経費として100万円を支払う（**図表2-56**）

　預金が500万円減りB現場勘定の「材料費」に100万円「外注費」に200万円、「労務費」に100万円、「経費」に100万円を計上します。

⑩A工事現場が無事完成して顧客に引き渡し、工事請負契約の残金1,000万円を受け取る（**図表2-57**）

　未成工事受入金のうちA工事分の1,000万円が減り、契約残金1,000万円とともに収益の「売上高」に2,000万円と預金に1,000万円が計上されます。A現場勘定の「材料費・労務費・経費・外注費」が完成工事原価になります。

⑪本社従業員の給料200万円と家賃100万円を支払う（**図表2-58**）

　預金が300万円減り費用の「給料」に200万円、「家賃」に100万円を計上します。

　この時点での預金の残高は1,100万円となります。

⑫決算をする（**図表2-59**）

　工事現場で使用した機械の減価償却を200万円します（A工事現場・B工事現場の両方で均等に使用したとする）。

　A現場勘定・B現場勘定の「経費」に各100万円と資産の「減価償却累計額」に▲200万円を計上します(現場で使用した機械ですから「販売費・一般管理費」の減価償却ではありません)。

　したがって、A現場の完成工事原価は減価償却費（経費）100万円を加えた1,500万円になります。同時に、B現場の未成工事支出金は700万円になります。

図表2-56 B工事費用を500万円支払う

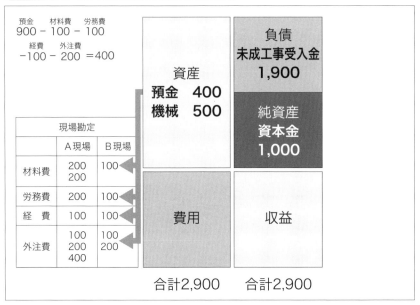

図表2-57 A工事完成

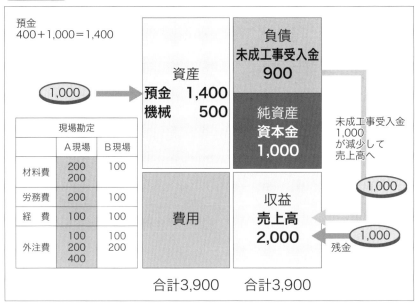

図表2-58 本社の給料200万円と家賃100万円支払う

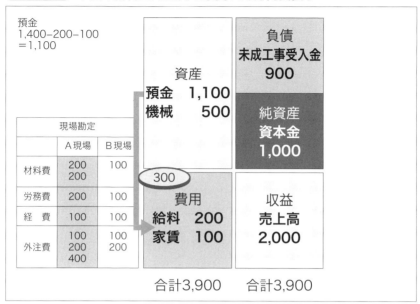

図表2-59 決算をする（減価償却200万円を実行する）

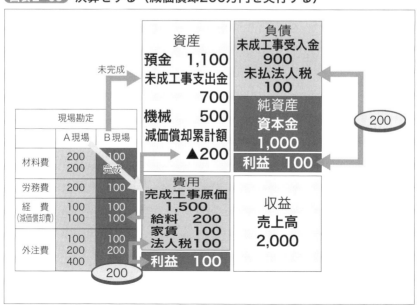

図表2-60 完成工事原価報告書（建設業）

項　　目			金額
Ⅰ．材料費			400
Ⅱ．労務費			200
Ⅲ．経費	1．現場経費	100	200
	2．減価償却費	100	
Ⅳ．外注費			700
当 期 完 成 工 事 原 価			1,500

　まず、**図表2-60**の「完成工事原価報告書」を作成します。

　完成した「A現場」分の材料費、労務費、経費、外注費を転記して完成工事原価報告書を完成させます。

　その金額1,500万円を**図表2-62**の損益計算書の売上原価「完成工事原価」に記入します。

　「B現場」分700万円は未完成分ですから、**図表2-61**の貸借対照表の資産「未成工事支出金」に記入します。これが、建設業の在庫となります。

　次に**図表2-63**の「キャッシュフロー計算書」を作成します。

　資本金1,000万円でスタートしましたが、100万円キャッシュが増加しています。これは、税引前当期純利益200万円に減価償却費200万円と未成工事受入金（在庫）900万円の計1,300万円の調達がされましたが、未成工事受入金（在庫）700万円、機械設備500万円の計1,200万円が運用としてキャッシュが使用され、差額の100万円分現金・預金が増加していることが分かります。

　これがキャッシュフロー計算書です。

図表2-61 貸借対照表（B／S）

貸借対照表
令和XY年3月31日 （万円）

流動資産	現金・預金	1,100	支払手形・買掛金		流動負債
			短期借入金		
	受取手形・売掛金		未 払 金		
	有 価 証 券	700	未払法人税等	100	
	商 品・製 品		未成工事受入金	900	
	未成工事支出金		預 り 金		
	前 払 金				
	未 収 金		小 計	1,000	
	貸 倒 引 当 金 ▲		社 債		固定負債
	小 計	1,800	長 期 借 入 金		
固定資産	建 物	500			
	機 械		小 計	0	
	車 両	▲ 200	資 本 金	1,000	純資産
	備 品		資本剰余金 資本準備金		
	減価償却累計額 ▲		利益剰余金 利益準備金		
	土 地		任意積立金		
	投資有価証券		繰越利益剰余金	100	
	保険料積立金		評価・換算差額等		
	小 計	300	小 計	1,100	
	合 計	2,100	合 計	2,100	

図表2-62 損益計算書（P／L）

損益計算書
令和XX年4月1日から
令和XY年3月31日まで （万円）

項　目	科　目			金　額
売　上　高	完　成　工　事　高			2,000
売　上　原　価	完　成　工　事　原　価			▲ 1,500
売　上　総　利　益				500
販　売　費 及　び 一般管理費	給　料	広告宣伝費	交　際　費	▲ 300 内、減価償却費 （ 0）
	福利厚生費	旅費交通費	通　信　費	
	消　耗　品	保　険　料	租　税　公　課	
	支払手数料	家　賃	そ　の　他	
	貸　倒　損　失	貸倒引当金繰入	減価償却費	
営　業　利　益				200
営業外収益	受　取　利　息	受取配当金	受　取　家　賃	0
	有価証券売却益	有価証券評価益		
営業外費用	支　払　利　息	支払割引料	有価証券売却損	▲ 0
	有価証券評価損			
経　常　利　益				200
特　別　利　益	固定資産売却益	投資有価証券売却益		0
特　別　損　失	固定資産売却損	投資有価証券売却損	投資有価証券評価損	▲ 0
税引前当期純利益				200
法人税等充当額				▲ 100
当　期　純　利　益				100

図表2-63 キャッシュフロー計算書と貸借対照表の関係

貸借対照表

運用　　調達 [前期対比]

（資産）		（負債）	
現金・預金	⊕ 100 / −	未成工事受入金	⊕ 900 / −
受取手形売掛金	+ 0 / −	有利子負債	+ 0 / −
棚卸資産（未成工事支出金）	⊕ 700 / −	（純資産）	
固定資産投資など	⊕ 500 / −	資本金	+ 0 / −
		繰越利益剰余金（税引前当期純利益）	⊕ 200 / −
		（減価償却費）	⊕ 200 / −

キャッシュフロー計算書

(万円)

				金額
営業活動	+	税引前当期純利益	+	200
		減価償却費	+	200
		受取手形・売掛金の減少額	+	0
		棚卸資産の減少額	+	0
		その他流動資産の減少額	+	0
		支払手形・買掛金の増加額	+	0
		その他流動負債の増加額	+	900
	▲	受取手形・売掛金の増加額	▲	0
		棚卸資産の増加額	▲	700
		その他流動資産の増加額	▲	0
		支払手形・買掛金の減少額	▲	0
		その他流動負債の減少額	▲	0
		法人税の支払い	▲	0
		営業活動キャッシュフロー	+	600
投資活動	+	有価証券売却の収入	+	0
		固定資産売却の収入	+	0
		貸付金の回収	+	0
	▲	有価証券購入の支払い	▲	0
		固定資産購入の支払い	▲	500
		貸付金の支払い	▲	0
		投資活動キャッシュフロー	▲	500
財務活動	+	短期借入金の借入	+	0
		長期借入金の借入	+	0
		株式の発行による収入	+	0
	▲	短期借入金の返済	▲	0
		長期借入金の返済	▲	0
		配当金の支払額	▲	0
		財務活動キャッシュフロー	+	0
当期純キャッシュフロー			+	100
現金・預金の増減			+	100
期首現金・預金・現金等価物残高				1,000
期末現金・預金・現金等価物残高				1,100

建設業の決算書のまとめ

　建設業の決算でポイントになるのは「完成工事原価報告書」です。建物を建築するのにいくら費用を要したかです。製造業の総合原価計算と異なり、A現場とB現場の原価を別々に管理しています。これを「個別原価計算」といいます。

　建設業の場合の在庫である「未成工事支出金」と「未成工事受入金」が増えれば増えるほど受注しているので、売上が増えることになります。製造業とは在庫の意味合いが少し違ってきます。

　いかに工事を増やし、早く安く完成して引き渡すかが、建設業の重要な経営課題になります。

財務諸表の見方と
目の付け処

① 決算書の見方とコツ

経営者と金融機関で見るポイントは異なる

　会社の財務を誰が一番管理しているかというと、当然経営者です。ですから、経営者から財務に関する話を聞くことになるのですが、この際注意しなくてはならないポイントがあります。

　経営者の視点と、銀行員の視点では、数字を見るときのとらえ方が違うということです。もちろん、共通した目線を持たなければならないものもあります（**図表3-1**）。

　経営者は、「儲かっているか、資金繰りはどうか、リスクはどうか」を常に同時に考えています。経営を行っているときに「1億円のおいしい仕事がある、でもこの仕事はわが社では受けられない」という判断をするケースがあります。

　この場合、経営者は当たり前のように財務3表に展開して考えているのです。

「1億円のおいしい仕事」これは「儲かりそうだ」と考える損益計算書の目線です。しかし、仮にお金の受取りが仕事を完了して4ヵ月も先の場合は、「資金繰りが続かない」と考えるキャッシュフロー計算書の目線を加えることになります。

　さらに、仕事が仮に失敗した場合、1,000万円の損失が発生する可能性もあり、自社の余裕（利益剰余金）が1,000万円以下である場合は「体力的にリスクを負えない」と考える貸借対照表の内部留保の目線も入ってきます。

　このように、すべての経営上の動きを一瞬に財務3表に落とし込んで思考することが経営者に求められるのです。

```
┌────────────────────────────────────────────────┐
│  ┌──────────────────────────────────┐          │
│  │        経営者の目線              │          │
│  │「儲かるのか　　　　：P／L」      │          │
│  │「資金繰りは大丈夫か：C／F」      │          │
│  │「リスクを負えるか　：B／S」      │          │
│  └──────────────────────────────────┘          │
│                                                  │
│           ┌──────────────────────────────────┐ │
│           │        銀行員の目線              │ │
│           │「貸した金は返せるか　　　」      │ │
│           │「もしもの時回収できるか」        │ │
│           │「メリットがあるか　　　　」      │ │
│           └──────────────────────────────────┘ │
└────────────────────────────────────────────────┘
```

　また経営者は、銀行員とは違って過去の財務諸表にはあまり関心がありません。終わった話だからです。むしろ、一つ一つの仕事から影響する「現状の財務諸表」で、「このままだとどうなる財務諸表」に最も関心があるのです。財務は毎日動いているのです、いわゆる動態的な財務の視点が当然のベクトルなのです。

　これに対して銀行員の目線は、過去の財務諸表に関心を寄せます。完成された財務諸表を精査・評価して、過去を基準に将来的な財務の信用度を測定しているのです。

　したがって「貸した金が返せるのか」という損益計算書での返済能力、「もし焦げ付いたときに貸した金を回収できるものを持っているのか」という貸借対照表による資産能力など、何よりも優先して融資したお金の保全に目線が向きます。

　そのうえで、取引をするだけのメリットがあるだろうかと損得勘定を働かせます。貸出金利だけでなく、預金の金額をにらみ、投資有価証券や保険契約状況を貸借対照表で確認し、預かり資産や保険契約の

取引を検討したり、損益計算書から役員報酬や給与・賞与等の人件費を確認し、オーナー個人や従業員取引まで期待できるか、海外取引で外為の取引が期待できないかなど、様々な取引妙味を探ります。

　ただし、一般企業の人間だろうが、金融機関の人間だろうが、与信管理という点や管理会計・ビジネスチャンスの発見という点では、共通した視点や分析スキルが必要になってきます。

　これから順に決算書の見方や目の付け処を確認していきましょう。ポイントとして細かい分析にこだわらず、大きな枠組みでとらえる目線や、重点的に目を付けるべき項目を外さず確認していくことが大事です。

② 決算書から企業の信用力を確認する

取引上の与信管理や与信判断のために企業の体力や稼ぐ力を確認する場合、基本は真っ先に2ヵ所に目を付けることです。

信用力はストック面：内部留保の確認

貸借対照表の純資産の利益剰余金を確認します。利益剰余金はすでに説明しましたが、過去からの「利益の貯金」であり、一般的には「内部留保」といわれます。

単純に考えれば、ある事故が発生し損失が出ても、内部留保の範囲であれば過去の儲けの掃き出しに過ぎないともいえます。もし内部留保を超える損失が発生したら、資本金に手を出すことになりますから、ある意味経営者目線として負えるリスクの理論値でもあります。したがって、企業の安全性を確認する場合「どれくらい内部留保の積み上げができているか」を確認することが第一歩になります。

ただし、利益剰余金がすべて現金・預金として積み上がっているケースは少ないですから、より厳密に確認する場合には、貸借対照表の資産のどこに運用されていて、その換金性と現在価値はどうかなどの確認が必要になってきます。

また、固定資産の設備や投資に関する最も理想的な調達の相手は、内部留保のお金だということも理解できると思います。

稼ぐ力はフロー面：営業利益と経常利益

損益計算書の営業利益と経常利益を確認します。すでに利益3段階でその重要性は説明しましたが、ある意味、経営者目線として年間で

負えるリスクの理論値でもあります。つまり現在の業績が当面期待できるとすれば、1年間で営業利益や経常利益の範囲での損失は、年間収益で吸収でき収支トントンの範囲であるといえます。

　現状どのくらい稼ぐ力を持っているかは、企業評価の安全性にもつながる視点でもあるのです。また、内部留保は過去の稼ぐ力の結果でもあるので、相通じている要素があります。また、フローの力で「純粋にキャッシュを残せる力」として「当期純利益＋減価償却費」を確認しておく必要があります。

　金融機関の人間に必要な目の付け処でも説明しますが、金融機関では「償還能力＝キャッシュフロー」としています。また、この金額は「新たな投資に向けるお金を生み出している」ともいえる目線でもあり、貸借対照表の資産を増加させる最も理想的な調達でもあるのです。まず、この「ストック面」と「フロー面」の2つの視点で、第1次的に信用力の評価をすることです。

　次に、財務3表の目の付け処を順に説明していきます。

3 決算書から経営と商流の特徴を確認する

貸借対照表の「流動資産と固定資産」のバランスを確認

これまでも説明してきましたが、企業というのは業種業態によって常識的な資産の持ち方をしています。

例えば「製造業であれば、工場や研究所があるから土地・建物・機械などの固定資産が中心になる」「銀行や証券などの金融機関であれば、貸付金や有価証券などの流動資産が中心になる」というわけです。

さらに同じ製造業でも、装置産業といわれる製鉄業や電力会社・鉄道会社などの業態であれば、ばく大な有形固定資産を所有しているので、固定資産の割合が極端に大きくなってきます。研究開発が中心で付加価値の高い製品開発が中心であれば、装置産業ほど固定資産の割合は大きくならないでしょう。

また、製造を外注している場合も、それほどの大きな有形固定資産は持たないものです。このように、同じ製造業でも、細かい業態の違いで特徴があり、特徴に応じた資産の持ち方をしています。

したがって、財務諸表を見るときには、業種業態の経営と商流をイメージしながら思考することも重要と覚えておいてください。

ある業種業態の企業の決算書を見て「イメージした所有資産の持ち方と違うな」と感じたら「なぜだろう？」と疑問を膨らませて、競合他社との比較なども含めて確認することです。

具体的な例で見ていきます。

図表3-2は「A家電メーカー」「B証券」「C鉄道」の貸借対照表です。資産のバランスを確認してください。「A家電メーカー」は流動資産23%に対して固定資産が77%と大きく、「B証券」は流動資産

111

図表3-2 「有価証券報告書」【個別】の例

A家電メーカー

流動資産 10,040	流動負債 19,403
固定資産 34,286	固定負債 9,743
	純資産 15,180 利益剰余金 (9,034)

B証券

流動資産 131,846	流動負債 114,772
	固定負債 11,264
	純資産 6,529 利益剰余金 (526)
固定資産 719	

C鉄道

流動資産 6,413	流動負債 16,175
固定資産 71,991	固定負債 36,716
	純資産 25,513 利益剰余金 (22,285)

　が99％以上と極端に多くなっています。逆に「Ｃ鉄道」は固定資産が92％となっています。このように、業種によって大きく違いがあることを確認してください。

　また、当然所有している資産の現在価値と活用状況についても確認する必要があります。いくら多くの資産を持っていても「腐っていたり、宝の持ち腐れ」であれば、経営的に問題があると考えられるからです。

流動資産と流動負債から商流とお金の特徴を見る

　流動と固定はワンイヤールールで、1年以内にお金になるものが「流動資産」で、1年以内にお金を支払う必要があるものを「流動負債」です。つまり、流動負債よりも流動資産が多くなければ支払能力に問題があると考えます。これを「**流動比率（％）＝流動資産÷流動負債×100**」といって100％以上が目安になり、短期的な支払能力を確認す

るときに必ず検討します。

　流動資産の中でも「受取手形・売掛金」の金額が多い場合は、商売上の回収の取引条件が長く厳しい可能性があります。反対側の流動負債の「支払手形・買掛金」も同様に多額であれば、業界的な商習慣だろうと思われます。

　受取手形や売掛金の方が大きい場合は、「お金の忙しい会社」で運転資金が相応に必要な会社となりますから、右側の流動負債の短期借入金や固定負債の長期借入金などで、どのくらい調達しているのかを確認しておきます。

　また、流動資産の「商品・製品」の金額が多い場合、商売上で相当の在庫を抱えざるを得ない会社と想定されます。これも多額の在庫資金がいるはずですから、「お金がいる会社」だと考え、受取手形・売掛金と同様に負債の調達の状況を確認します。

　また「仕掛品・原材料」の金額が多い場合は、大きな生産設備を抱えているはずですから、相当金額の有形固定資産を所有しています。それぞれ関係性とバランスの違和感がないかを確認する必要があります。

投資等の中身で外部との関係を見る

　固定資産の「投資等」に大きな金額が記載されている場合は、「何の投資か」を必ず確認をする必要があります。「投資有価証券」であれば、純粋な投資が目的なのか、商売上取引先と株式の持ち合いをしているのかを明確にしておく必要があります。

「関係会社株式」であれば、子会社などを所有している可能性がありますから、「何をしている子会社か」を確認するべきです。

「敷金・保証金」に金額が記載されていれば、どこか賃貸で借りているはずですから、「どこに、どんな役割か」を確認するべきです。

　このように資産の持ち方は、業種業態の特徴や、お金が要る会社か

カネに余裕のある会社か、外部との関係性など、商流の特徴や経営姿勢も見えてくる情報が記載されていると考えるべきです。

調達の特徴から経営姿勢と歴史を見る

　資産の中身の特徴を確認したら、次に調達の特徴も見ていきます。

　全資産のうち、負債と純資産の調達の割合がどうなっているかを確認します。

　当然、純資産による調達割合が多いほど安定しています。これを「**自己資本比率(%)＝純資産÷総資本*×100**」といいます。純資産でも再三説明しましたが、利益剰余金での調達が多ければ多いほど良好です。それが企業の過去の経営成績として表れていると考えるべきです。つまり企業の歴史の証がここにあるのです。

＊総資本（自己資本＋他人資本）＝総資産

　一方、負債の中でも短期借入金や長期借入金・社債などの有利子負債がどのくらいあるか。これを「**有利子負債依存度(%)＝有利子負債÷総資本*×100**」といいます。この調達は支払利息等のコストを発生させるので、経営的には注意を要する調達と考えます。「身軽な会社か、身重な会社か」について確認が必要です（**図表3-3**）。

図表3-3　資産の構成と調達のバランス

資金繰りの苦しい借入金中心の調達		
資産 (1,000)	負債	(800)
現金・預金 100	買入債務	200
売掛債権 500	借入金	600
棚卸資産 200		
固定資産 200	純資産	(200)
	利益剰余金 100	

キャッシュと内部留保の潤沢な調達		
資産 (1,000)	負債	(300)
現金・預金 400	買入債務 300	
	借入金 0	
売掛債権 200		
棚卸資産 100	純資産	(700)
固定資産 300	利益剰余金 600	

損益計算書は利益3段階を見る

損益計算書の目の付け処は、「利益3段階」が基本です。

3段階とは、前述しましたが「売上総利益・営業利益・経常利益」です。経営成績の良し悪しは「本業」で儲ける力があるかです。

経常利益以降の「税引前当期利益・当期純利益」は、「特別利益・特別損失」という本業以外の要因を加減した利益です。簡単にいえば「特別は特別」だということだからです。

税引前当期利益・当期純利益の段階で多額の利益が計上されていても、営業利益で赤字であれば「本業で儲ける力がない」のです。逆に税引前当期利益・当期純利益が赤字でも、営業利益・経常利益で利益が出ていれば「本業で儲ける力がある」ということです。特別損益を軽く考えることはできませんが、特別損失が本業に与える影響を確認することが肝心です。

まず見方として、「営業利益」「経常利益」「税引前当期利益」の段階で黒字か赤字かを確認します。特に赤字の場合、どの段階で赤字かを確認しておきます。

次は各利益の段階での確認です。貸借対照表で見た資産で、業種業態により特徴があり、常識的な持ち方をしていると説明しました。損益計算書の売上高に対する利益率も、業種業態によって同じような「利益率＝儲け率」になってきます。特に売上高総利益率と売上高営業利益率が基準になってくるのです。したがって、ここでも業種業態の商流をイメージすることが必要です。

最優先で検討するのは「売上総利益」です。一般的に売上総利益を「粗利益」もしくは粗利と呼んでいます。そして検討にあたっては、絶対値の売上総利益もさることながら「**売上高総利益率（%）＝売上総利益÷売上高×100**」が重要です。「どれくらいの粗利を稼いでいる商売か」を確認します。

先ほど業種業態により傾向が表れると説明しました。例えば、化粧

品会社などの売上高総利益率は約80％前後と高い数値です。これに対し総合商社などは約15％前後と低くなっています。多少の前後はあるにしても、業種業態の平均的な利益率や同業他社の利益率と極端に差があるようなら、「なぜだろう？」と確認する必要があります。

　粗利益率が高い場合は、製品や事業自体の付加価値が高いと考えられます。逆に低い場合は、価格競争に陥っていたり、原材料や外注費の値上がりによる原価高騰や生産性の悪化などが存在している可能性があります。また製造業などの場合、売上に対する材料費や外注費・労務費の割合から、モノづくりの特徴を確認することも商流を把握するうえで重要です。

　次に「営業利益」です。「**売上高営業利益率（％）＝営業利益÷売上高×100**」についても、業種業態によって特徴が売上高総利益率と同じような傾向になります。

　製造業の場合、よく「売上高営業利益率のベンチマークは10％」といわれます。10％以上稼いでいる会社は、再投資に向ける収益を上げているとされ、企業がIRのプレス発表する場でよく使われます。

　営業利益に影響する要因は「一般管理費・販売費」ですが、まず人件費の金額と割合から「人をたくさん使っているか、少数精鋭でやっているか」「役員報酬にどのくらい回っているか」など、商流と経営的な特徴を確認します。その他、極端に金額の多い項目に目を付けて「費用対効果」についての検討が重要になってきます。

　また、一般管理費の「減価償却費」の金額を必ず確認します。減価償却費は前にも説明しましたが「キャッシュの出ない費用」で利益と同様にとらえます。たとえ営業利益が赤字でも「営業利益＋減価償却費」が黒字であれば、「実質的には償却前で黒字だな」と考えます。

　このように営業利益は、経営手腕が現れ評価基準として最も大事な数字であり、もし営業利益段階で数期連続赤字など出すと「リストラか事業整理」も検討せざるを得ないことになります。

　次に経常利益ですが、営業利益から経常利益の段階になって「増益

しているか減益しているか」についての確認がポイントになります。

　一般的に増益している場合は、優秀な子会社や関連会社があって配当収入や持分利益などがあるケース、本業以外に不動産賃貸収入などがあるケース、為替の差益があるケースなどが想定されます。もし、不動産賃貸収入などがあるようなら「金持ち企業かな」と考えて、他の有効活用できる物件を確認して全体像を把握します。

　逆に減益している場合は、貸借対照表の負債項目に多額の有利子負債があり支払利息等の金融費用で減益しているケース、あるいは為替差損が発生しているケースなどが想定されます。

　つまり経常利益段階では、資産背景や関連子会社の業況、財務体質の状況などが見えてくるわけです。

　次に税引前利益ですが、先に説明した「特別利益・特別損失」の中身が問題です。どのような特別損益が発生しているか、それが本業にどんな影響を与えるかについて確認する必要があります。

　近年、上場企業で大きな特別損失が発生するケースが多々あります。具体的には、「減損損失」といって投資している資産（特に投資有価証券やのれん代）の現在価値が極端に低下し損失で計上しているケースです。

　オーナー会社などでは、社長が退職して会長職に退いた場合などに発生する特別損失「役員退職金」をよく目にします。この場合、その期の決算は大赤字で、翌期に息子などの後継者に株式を譲渡する事業承継対策などを行っているケースです。

　次に当期純利益ですが、先に説明した「キャッシュを残せる力」としての「当期純利益＋減価償却費」いわゆる償還原資でありキャッシュフローを確認する必要があります。

キャッシュフロー計算書は営業活動キャッシュフローを見る

キャッシュフロー計算書については、何といっても「営業活動キャッシュフロー」が稼げているかです。この段階で稼げていない場合は、赤字決算か回収条件が悪化して長くなっているか、在庫が非常に増えている事態が想定されますから、十分な確認が必要です。3期連続営業活動キャッシュフローがマイナスになっている場合などは、かなり危険な経営状況ともいえます。

「投資活動キャッシュフロー」では何に投資をしてキャッシュを使用しているか、目的は何か、また、資産を売却している場合でも、その理由や経緯を必ず確認しておく必要があります。投資活動キャッシュフローは、設備投資や投資等に資金を向けることは前向きなことと捉えられますが、逆に資産を売却している場合は、経営に大きな問題が発生している可能性がありますから注意すべきです。

「財務活動キャッシュフロー」も投資活動と同様で、特に資金調達している場合の目的の確認が重要です。

「現金・預金・現金等価物期末残高」は適正なキャッシュポジションがいくらで（過去の実績値等を参考）、それを上回っている場合には投資の準備などをしていないか、下回っている場合にはキャッシュフローが悪化していないかを確認することです。

企業の価値計算に使用される「フリーキャッシュフロー（FC）」も確認する必要があります。FCは投資や財務体質強化に向けるキャッシュをどれくらい稼げるかを表し、損益計算書の利益よりも重要とも言われています。

営業活動キャッシュフローー投資活動キャッシュフロー（生産体制の維持を目的とした投資だけ）＝FC

いずれにしてもFCでも、営業活動キャッシュフローがプラスにな

ること、最大のプラスを目標にすることになります（**図表3−4**）。

FCを潤沢に稼げることによって、機械的な投資が可能になります。また、資金的な余裕が生まれてきて財務体質の強化にもつながってきます。

経営者の「身体にバランシートを持つ」とは、体内にキャッシュフロー計算書を持っているともいえるのです。

図表3−4

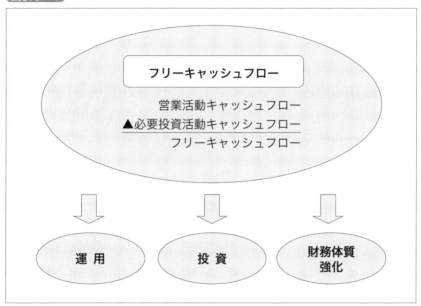

時系列で深読みできる スキルを身に付ける

時系列分析こそが財務分析の基本

　筆者が銀行員時代、当時の支店長の決算書の見方に衝撃を受けた記憶があります。還元資料などは見ずに、ある企業の３期分の貸借対照表を机に並べて数分後、「細矢君、この会社は危ないな…」と断言したのです。しかし現状は、増収増益で好調な利益率を計上しており、直近でも数億の経常利益を上げていました。そのときは「まさか…」と思ったのですが、数ヵ月後に倒産してしまったのです。いわゆる粉飾決算でした。架空売上を計上し、売掛金と在庫だけが増加して、極端に現金・預金が減少している状態だったのです。

　それ以降、支店長の財務スキルを参考に、比率分析に頼らず貸借対照表を中心とした時系列分析に重点を置く財務分析を心がけるようになり、今日に至っています。財務指標といわれる比率分析も大事ですが、キャッシュフローを軸に流れをつかむことがより重要であると確信しています。

貸借対照表は調達と運用で時系列を確認

　時系列分析で最も基本となるのは貸借対照表です。まず、細かい勘定科目の確認の前に、「資産と負債・純資産」でその年度の調達と運用の特徴を大きくとらえることが最初の確認です（**図表３−５**）。

　例えば、前年対比総資産の金額が増加しているのか減少しているのか、増えているとすれば流動資産か固定資産のどちらかを確認します。次に、資産を増やした調達の相手は「負債か純資産か」を確認します。前述しましたが純資産が調達の相手であることが理想的です。

図表3-5 調達と運用の時系列

前期に比較して大きく総資産が増加（＋500）している。固定資産と固定負債ということは長期借入金で設備投資したと考えられる。しかし流動資産も流動負債も純資産の利益剰余金が増えていないということは、まだ投資効果が出ていないと考えられる。

前期に比較して流動資産（＋500）と流動負債（＋300）が増加している。
同時に純資産も利益剰余金（＋200）が増加している。
売上が増加して、利益も順調に上げていると考えられる。

　次に流動資産と固定資産の勘定科目の中で、特に大きい数字の変化に目を付けます。流動資産であれば単年度と同様で「預金・受取手形・売掛金・在庫」、固定資産であれば「建物・機械・土地などの有形固定資産、無形固定資産と投資有価証券・関係会社株式・敷金・保証金」です。

　流動資産の預金が増加していれば、利益が増えているか、借入金や増資によって増えていることもあります。受取手形・売掛金・在庫が増えていれば、売上が増えていると考えられます。

　固定資産の有形固定資産が増加していれば、設備投資があったのか

もしれません。投資有価証券や関係会社株式が増えていれば、投資や子会社の設立が考えられます。敷金・保証金が増えていれば、新しい事務所や店舗を賃貸契約した可能性があります。

　流動資産と固定資産を確認すると同時に、流動負債・固定負債と純資産の数字にも目を付けます。

　流動負債であれば「支払手形・買掛金・短期借入金」、固定負債であれば「長期借入金・社債・退職給付引当金」です。流動負債の支払手形・買掛金が増加していれば、受取手形・売掛金の増加と同様で売上が増えていると見ることができます。短期借入金が増えている場合は、売上げの増加に伴う運転資金として調達されている可能性があります。

　固定負債の長期借入金・社債が増加していれば、設備投資や投資目的に調達されていることが考えられます。したがって、固定資産も増えている場合が一般的です。中小企業などでは、運転資金を短期借入金ではなく長期借入金で調達するケースも多くなっています。

　退職給付引当金が減少している場合は、社員の退職が発生して退職金を支払ったことなどが考えられます。

　純資産であれば、「資本金・利益剰余金・自己株式」です。

　資本金が増加していれば増資しています。目的が設備投資なのか業務提携等での政策的な増資とも考えられます。利益剰余金が増えていれば営業が順調で利益が出ていることが考えられ、減っていれば赤字の可能性があります。

　自己株式が増加している場合は、上場企業の場合は株主対策のための自社株買いで、上場企業以外であればオーナー経営者の相続等の関係での取得と考えられます。

　全体像としては貸借対照表の「流動資産と流動負債」から商売の増減の動きが見えてきます。「固定資産と固定負債」からは設備投資や投資の動きが分かります。「純資産」からは増資や商売上の損益の状

況が見えてきます。

　このように、貸借対照表を見ていれば商売の状況や投資の状況や動きが読み取れるのです。

損益計算書は利益3段階と主要勘定科目の時系列を確認

　損益計算書は「売上総利益・営業利益・経常利益」の3段階です。時系列として、金額が前年対比で増加しているのか減少しているのかです。

　合わせてもっと大事なことは、3段階の売上高に対する利益、すなわち「売上高総利益率・売上高営業利益率・売上高経常利益率」です。絶対値の金額がいくら増えていても利益率が悪化していれば、経営的には大問題です。

　特に売上高総利益率です。いわゆる粗利益率で、商売の根本的な利益率を示しています。前述しましたが、この売上高総利益率がいったん下がると、なかなか戻せないといわれています。

　売上高総利益率が前年対比で増加するということは、販売の単価が上がっているか、原価が下がっているわけです。つまり付加価値の高い新商品が開発されたか、仕入商品や原材料の値段の引下げがあったか、製造方法が改善されたなどが考えられます。

　反対に売上高総利益率が下がっていれば、逆の要因が考えられます。業界の競合が激しくなったり、商品の付加価値が落ちてきたことで単価が引き下げられた、原材料が値上がりしたなどです。

　売上や売上総利益の金額に変化がないのに、営業利益率が上がっている場合や下がっている場合は、販売費・一般管理費の問題です。販売費・一般管理費で目を付けるなら「人件費」や「営業に関係する広告宣伝費や交際費」「支払家賃・減価償却費」などです。

　例えば、人件費が増加して売上高営業利益率が下がっているなら、増員か生産性の悪化により残業代が増加していると考えられます。広

告宣伝費・交際費が増加しているなら、営業活動の成果が上がっていないと推測されます。また支払家賃が増加しているなら、新しい事務所や工場を賃貸したか賃料の値上げが影響しています。減価償却費が増加しているなら、新たな設備投資をしているが、まだ投資効果が出ていないことが考えられます。

経常利益率が下がっている場合は、借入金の増加か金利の上昇によって金利負担が増加していることが挙げられます。それ以外は、輸出入をしている企業なら為替差損が発生している可能性、もしくは短期的な有価証券運用で損失を出している可能性があります。

逆に経常利益率が上がっている場合は、借入金の減少か金利の引下げ、為替の差益、短期有価証券の運用益、他に所有している不動産の一部を賃貸に回して新たに受取家賃が発生している可能性があります。

特別利益や特別損失は、不動産などの固定資産売却損益や投資有価証券の売却損益や役員退職金やリストラなどの特別退職金など特別な事由が考えられますから、個別になぜ発生したのかについて内容の精査がポイントになってきます。

キャッシュフロー計算書は営業活動キャッシュフローを時系列で確認

キャッシュフロー計算書は、何といっても営業活動キャッシュフローの時系列が前期に比較して増加しているかが最も重要です。営業活動キャッシュフローの中でもキャッシュの財源として理想的なのは、税引前当期利益と減価償却費が増えていることです。

例えば、営業活動キャッシュフローが前期よりも増えていても、税引前当期利益が減額していて、売上債権と棚卸資産が減少したことによるなら、業績が悪化して期末の取引が少なかった分だけ受取手形・売掛金や在庫が減ったことが要因なら決して良いシナリオとはいえないからです。

特に前期に比較して営業活動キャッシュフローを引き下げる「売上

債権・棚卸資産」の増加があった場合、取引条件の悪化や不良債権・不良在庫の発生や最悪は粉飾決算の動きの可能性も考えられるので、注意深く検証する必要があります。

　また、前期の投資活動キャッシュフローがマイナスで大きな投資の動きがあったとすれば、翌期の営業活動キャッシュフローにプラスとして効果を出さなければなりません。このように翌期につながる動きがあるので、単年度だけではなく時系列で確認することも極めて重要です。さらに、特に投資活動キャッシュフローでは、新たな投資の動きや資産売却の動きが、前向きか後ろ向きかなどについての検証も必要となります。

　前期に財務活動キャッシュフローがプラスになっていれば資金調達が考えられるので、翌期には返済に向けて同キャッシュフローはマイナスになることが普通です。もしさらにプラスになっているとするなら、新たな投資を継続的にするための資金調達をしているか、返済できる資金を稼ぐことができていないことも考えられます。

　また財務活動キャッシュフローでは、増資や配当の支払い自社株の取得など、損益計算書では出てこないキャッシュと純資産の動きが出てきます。事業承継対策やM＆Aなど経営上の重要な政策の動きが出てくることも頭に入れておく必要があります。

　また期末のキャッシュの残高も重要です。一般的に時系列に残高が増えている場合は、何らかの投資に向けた資金的な準備を進めている可能性が高いと考えるべきです。

　このように、キャッシュフロー計算書は資金繰りと経営上の大きな方針などの動きが関係してくるものと考えてください。

⑤ 勘定科目の時系列から背景シナリオを考える

時系列で目を付けておくべき勘定科目

　これまで説明してきたように、数字が変化することには何らかの背景があります。日常の管理会計でも重要な数字に目を付けておき、この変化に素早く対処することです。

　数字が減ったからといって、必ず悪いシナリオとはいえません。例えば、資産の土地が減って負債の借入金が減っていれば、財務体質の改善を行っていると考えられます。

　逆に資産が増えていても、すべて良いシナリオともいえません。売掛金が増えていても利益剰余金が減っている場合、売上は増加していても赤字になっていたり、売上代金の回収期間が悪化して延びていると、最悪、不良債権が発生していることも考えられます。

　このように、数字の増減には良いシナリオと悪いシナリオもあるのです。特に金融機関の人間は「良い悪い」の評価に偏りがちですが、これからは「経営と商流の連想」に変える必要があります。

　先に説明した時系列で、特に目を付ける勘定科目を**図表3−6**にまとめました。これらの変化についてシナリオを考えてみます。

目を付けておくべき勘定科目

流動資産 預金 受取手形・売掛金 在庫	**流動負債** 支払手形・買掛金 短期借入金
	固定負債 長期借入金 社債 退職給付引当金
固定資産 建物 機械・器具 土地 投資有価証券 関係会社株式 敷金・保証金	**純資産** 資本金 利益剰余金 自己株式
費用 人件費 広告宣伝費・交際費 家賃・研究開発費 減価償却費 支払利息・為替差損 固定資産売却損 投資有価証券売却損	**収益** 売上高 受取家賃 受取配当金・為替差益 固定資産売却益 投資有価証券売却益

「流動資産・流動負債」の主要科目のシナリオ

〈流動資産「預金」の増減〉

　利益が積み上がって増えることがベストのシナリオです。その他の増加要因としては、固定資産の売却や増資、借入金での資金調達などが考えられます。

図解①

流動資産 （預金）	ポジティブな シナリオ	ネガティブな シナリオ	対処課題
増	・増益 ・売上代金の現金回収の増加	・資金調達 ・資産の売却	・調達の目的 ・資金の有効活用
減	・借入金の返済、財務体質強化 ・前向きな設備投資や投資	・減益 ・運転資金が増加 ・現金回収の減少や不良在庫の発生	・設備投資の効果点検 ・収益改善対策 ・ＣＦ改善対策（回収条件の短縮化、在庫の削減）

〈流動資産・流動負債「受取手形・売掛金（売上債権）」「支払手形・買掛金（買入債務）」「商品・製品・仕掛品・原材料（棚卸資産）」の増減〉

　売上債権だけが増えて買入債務が増えていない場合は、回収条件が悪化している悪いシナリオか、不良債権が増えている最悪のケースとなります。

　棚卸資産（在庫）が増加している場合は、売上の増加に伴って在庫が増えているか、新しい商品や製品のラインナップが増えたなどの良いシナリオですが、売上高が増えていないのに棚卸資産が増えている場合は、不良在庫が発生しているなどの悪いシナリオが考えられます。

図解②

流動資産 (受取手形・売掛金・在庫)	ポジティブな シナリオ	ネガティブな シナリオ	対処課題
増	・売上が増加 ・新商品、製品の増加	・回収条件の悪化 ・不良債権、不良在庫の発生 ・商品、製品の原価高騰	・回収条件の改善 ・販売先の見直し ・在庫管理の強化
減	・回収条件の改善 ・在庫の削減	・売上の低迷 ・品不足	・営業強化（販先先の拡大） ・在庫管理 ・生産管理の強化

図解③

流動負債 (支払手形・買掛金・短期借入金)	ポジティブな シナリオ	ネガティブな シナリオ	対処課題
増	・売上の増加	・支払の滞り ・運転資金の増加による借入金の増加 ・資金繰りの悪化による資金調達	・支払条件の改善 ・在庫管理の強化による運転資金の削減
減	・キャッシュフロー改善（資金的余裕） ・運転資金の減少による有利子負債の削減	・売上の低迷	・業績改善（仕入先・販売先・販売方法の見直し）

「固定資産・固定負債・純資産」の主要科目のシナリオ

〈固定資産「建物・機械・土地」の増減〉

　これらの金額が増加している場合は、増産のための設備投資や新規事業拠点の拡大などが考えられます。金額の大きさによっては、積極的な攻めの経営方針が動いているシナリオもあり得ます。

　逆に減少している場合、有利子負債を削減するために資産を売却したケースは、財務体質強化でもあり良いシナリオともいえますが、資金繰りが苦しくて売却したなどの注意を要するシナリオもあります。

図解④

固定資産 （建物・機械・ 土地）	ポジティブな シナリオ	ネガティブな シナリオ	対処課題
増	・設備投資 ・新工場、新店舗の開設	・遊休資産	・設備投資の効果点検 ・資産の有効活用
減	・資産の売却による不採算部門の整理 ・資産売却による有利子負債の削減	・事業低迷による資産売却 ・資産価値の大幅減少	・資産の再構築 ・業績改善

〈固定資産「投資有価証券・関係会社株式・敷金・保証金」の増減〉

　投資有価証券や関係会社株式の金額が増加している場合は、業務提携先の株式を取得したか、M＆Aで子会社化したか、新たな子会社を設立したなど、経営判断としては極めて重要な動きがあると考えられます。逆に金額が減っている場合は、売却や子会社の整理など注意を要するシナリオもあります。

　敷金・保証金の金額が増加している場合は、新しい事業拠点の開設などが考えられます。減少している場合は、営業所の撤退など後ろ向きのシナリオも想定されます。

図解⑤

固定資産 （投資有価証券・ 関係会社株式・ 敷金・保証金）	ポジティブな シナリオ	ネガティブな シナリオ	対処課題
増	・M＆A、業務提携 ・子会社の設立 ・新事務所、店舗の開設	・過剰投資	・投資の効果点検 ・子会社の活性化 ・新事務所、新店舗の稼働率向上
減	・資産売却による資産の有効活用 ・不採算関連会社の整理 ・不採算店舗の閉鎖	・業績悪化による資産売却 ・業務提携先との関係悪化 ・閉鎖店舗による業績悪化の影響	・資産の再構築 ・業績改善

〈固定負債「長期借入金・社債・退職給付引当金」の増減〉

　長期借入金や社債が増加している場合は、固定資産の増加と連動する場合が多く、設備投資や投資目的の資金調達が行われているシナリオが考えられます。

　退職給付引当金が増加している場合は退職給付債務の積増しであり、減少の場合は、退職の発生で退職金の支払いが発生しています。金額が大きく減少している場合は、自然退職者よりもリストラや希望退職者を募集するなどのシナリオも想定されます。

図解⑥

固定負債 （長期借入金・社債・退職給付引当金）	ポジティブな シナリオ	ネガティブな シナリオ	対処課題
増	・前向きな設備投資や投資の実施 ・長期運転資金の調達	・資金繰りの悪化による資金調達 ・退職給付債務の積立不足	・収益改善と償還原資の確保 ・退職給付債務の積立不足の早期改善
減	・収益効果による有利子負債の削減 ・予定退職の発生	・長期の有利子負債が償還できず短期の有利子負債で調達 ・リストラによる退職の発生	・収益改善と返済計画の見直し ・業績改善

〈「資本金・利益剰余金・自己株式」の増減〉

　資本金が増加している場合は増資のシナリオです。この場合は増資したお金が何に運用されているか、何の目的で増資したのかについての確認が重要です。

　利益剰余金が増加している場合は、好調な経営で利益の積上げができている最も歓迎すべきシナリオです。逆に減少している場合は、赤字決算で内部留保を減らしている悪いケースか、株主に配当金を支払っているシナリオです。

　自己株式の増加は上場企業の場合は株主対策を目的とした自社株買いで、上場企業以外であれば、オーナー経営者の相続に伴う株式の買取りが考えられます。

図解⑦

純資産 （資本金・利益剰余金・自己株式）	ポジティブな シナリオ	ネガティブな シナリオ	対処課題
増	・新たな投資に向けた増資 ・新たな株主の発生（提携等） ・業績好調による増益 ・自社株買い	・業績悪化による資金調達の増資 ・救済 ・買収による増資 ・相続によるオーナーの株式取得	・業績改善 ・株主構成の整理
減	・配当金の支払い ・自社株の消去 ・安定株主への自社株売却	・会社整理に伴う減資	・業績改善

損益計算書の主要科目のシナリオ

〈「売上高・売上原価」の増減〉

　売上高の増減は、商売の好調不調を表しますが、同時に売上総利益との関係で売上が減少していても売上総利益が増加していれば、収益構造が変化しているシナリオが考えられます。

　売上原価の増減は、材料や外注関係の値上がり値下がりが考えられ、商品仕入価格の値段が、需要と供給の関係から変化があったと見ることもできます。やはり売上原価も売上総利益との関係が重要です。

図解⑧

収益 （売上高）	ポジティブな シナリオ	ネガティブな シナリオ	対処課題
増	・業績好調の売上増加	・無理な販売の拡大	・収益性の確保 ・販売先の拡大
減	・不採算事業からの撤退 ・収益性重視への転換	・業績悪化による売上低迷	・事業構成の見直し ・収益向上策の実行

図解⑨

費用 （売上原価）	ポジティブな シナリオ	ネガティブな シナリオ	対処課題
増	・売上の増加 ・新商品、新製品の販売	・仕入価格、外注費の値上がりによる原価高騰 ・稼働率低下など生産性悪化による原価高騰	・仕入先、外注先の見直し選別 ・生産効率の改善
減	・仕入価格、外注費の引下げ効果 ・設備投資などによる生産性改善	・売上の低迷	・業績改善（販売先の見直し、品揃えの改善）

〈販売費・一般管理費「人件費・広告宣伝費・交際費・家賃・研究開発費・減価償却費」の増減〉

　人件費の増加は、増員であれば積極的な経営の動きの可能性があります。残業代等が増加している場合の良いシナリオは、受注が好調で増産体制になり稼働率が上がっている場合、悪いシナリオは何らかのトラブルで生産停滞に伴って残業代が増加している場合です。広告宣伝費・交際費が増加している場合も営業面での積極的な動きがあると考えられます。

　研究開発費の増加は、新商品開発や付加価値の改善等の目的のシナリオといえるかもしれません。家賃の増加であれば、新店舗や新事務所を設置したシナリオが考えられます。その場合、同時に貸借対照表の固定資産の敷金・保証金が増加しているはずです。

　減価償却費が増えている場合は、新たな設備投資をしているケース、減少している場合は固定資産の売却もあり得ます。その場合も固定資産の有形固定資産の動きに変化が発生しているはずです。

図解⑩

費用 販売費・一般管理費 （人件費・広告宣伝費・交際費・家賃・研究開発費・減価償却費）	ポジティブなシナリオ	ネガティブなシナリオ	対処課題
増	・売上好調による増員 ・戦略商品の営業強化に伴う広告と接待強化 ・新製品の研究開発強化 ・業績好調による設備投資の増加	・人件費の高騰 ・退職の増加 ・諸経費の増加 ・管理部門の非効率化	・費用対効果の確認
減	・効率的な経費使用の実施	・売上の低迷によるリストラ ・無理な経費削減	・効率的な経費使用

〈営業外収益「受取利息・配当金・受取家賃」の増減〉

　受取配当金がある場合は、有価証券を所有したことですから、運用目的か何らかの理由で株式を所有した可能性があります。受取家賃が発生する場合は、所有している不動産の有効活用がなされていると考えられるので、「他に有効活用できる資産を所有していないか」を確認することがビジネスチャンスにつながります。

〈営業外費用「支払利息・為替差損・有価証券売却損」の増減〉

　支払利息が増加している場合は借入金が増加しているはずですから、貸借対照表の負債の有利子負債の増加を確認して、何の資産に運用されているかを確認する必要があります。

　為替差損が発生していれば、貿易の動きが出てきていると考えられます。反対の営業外収益の為替差益の場合も同様です。

　有価証券売却損や売却益が発生している場合は、短期的に売ったり買ったりという投資運用をしているので、貸借対照表の流動資産の有価証券の存在と現在価値を確認しておく必要があります。

〈特別利益・特別損失「固定資産売却益・固定資産売却損・投資有価証券売却益・投資有価証券売却損・特別退職金」の増減〉

　固定資産の売却益・売却損が発生している場合、どうして売却したのかが問題です。不要資産の売却なのか、赤字の穴埋めや資金繰りのための売却なのか、経営判断としては重大ですから目的を明確にする必要があります。投資有価証券についても同様です。

　特別退職金は、リストラをしていることや社長や会長の退任も考えられます。

　数字が動く背景を豊かに考えることが、財務分析では最も重要です。したがって、良いシナリオ悪いシナリオも様々なケースを念頭に置き、知識装備をしておくことが大切です。

図解⑪

収益 営業外収益・特別利益 (受取利息・配当金・ 受取家賃) (固定資産売却益・ 投資有価証券売却益)	ポジティブな シナリオ	ネガティブな シナリオ	対処課題
増	・運用環境の改善 ・関連企業の業績好調 ・所有資産の有効活用	・本業以外の無理な投資 ・投資資産の売却による益出し ・資金繰り悪化による資金調達	・投資内容の精査 ・関連子会社の建て直し
減	・本業の安定	・運用環境の悪化	・投資業務からの撤退

図解⑫

費用 営業外費用・特別損失 (支払利息・為替差損・ 有価証券売却損) (固定資産売却損・ 投資有価証券売却損・ 特別退職金)	ポジティブな シナリオ	ネガティブな シナリオ	対処課題
増	・売上の増加に伴う前向きな借入金の増加 ・所有資産の整理	・借入金の増加に伴う金利負担増 ・為替環境の悪化 ・運用の失敗 ・資金繰り改善のための資金調達 ・リストラによる退職増	・借入先の見直し ・販売先、販売方法、仕入先、仕入方法の見直しによる、回収所件や支払条件の改善 ・所有資産の見直し
減	・金利の引き下げ、借入金の減少 ・為替環境の改善	・業績規模の縮小	・さらなる資金調達コストの削減

6 業態悪化や粉飾決算を見つける

　企業の業績がおかしくなってくると、財務諸表に必ず動きが表れます。先に説明した勘定科目の時系列の数字に異常値が出てきたり、今までなかったような数字が発生してきます。そのサインを敏感に感じ取ることが、与信管理上の重要なポイントになります（**図表3-8**）。

図表3-7 在庫調整による粉飾決算

在庫を水増しすることにより、売上原価が減って、利益が増える

売上高	100
売上原価	▲30
期首商品棚卸高	10
当期商品仕入高	50
期末商品棚卸高	▲30＊
売上総利益（粗利益）	70

→ 期末棚卸 10水増し →

売上高	100
売上原価	▲20
期首商品棚卸高	10
当期商品仕入高	50
期末商品棚卸高	▲40＊
売上総利益（粗利益）	80

在庫を過少計上（在庫隠し）することにより、売上原価が増えて、利益が減る

売上高	100
売上原価	▲30
期首商品棚卸高	10
当期商品仕入高	50
期末商品棚卸高	▲30＊
売上総利益（粗利益）	70

→ 期末棚卸 10過少計上 →

売上高	100
売上原価	▲40
期首商品棚卸高	10
当期商品仕入高	50
期末商品棚卸高	▲20＊
売上総利益（粗利益）	60

売上高と在庫の関係

　商売というのは、売上が増えれば販売用としての在庫も増えてくるのが一般的です。ところが、売上高が横ばいもしくは減少しているのに、在庫（商品・製品）だけが増えているケースは、不良在庫（デッドストック）が発生しているか、もしくは在庫の水増し等による粉飾決算が考えられます（**図表3－7**）。

　特に業績悪化や税金対策に伴う利益操作を、在庫の調整で行うことが非常に多いといえます。一般事業会社でも金融機関でも、常にいわれているのは「最低3年、できれば5年、在庫と売上のトレンドだけは必ず確認することが与信管理のイロハのイ」ということです。

売上高と受取手形・売掛金の関係

　在庫と同様ですが、それ以上に売上の増減に連動して増減するのが受取手形・売掛金です（**図表3－8**）。

　売上高が増加すれば受取手形・売掛金も増加することが一般的です。ところが、売上が横ばい・減少しているのに受取手形・売掛金だけが増加している場合は、取引先の業績悪化に伴って、回収不能や手形のジャンプなどの不良債権が発生していることが想定されます。

　もっと最悪であれば、架空売上の計上で売上高と売掛金、もしくは売掛金だけが増加している粉飾決算が考えられます。ただし企業として架空売上まで計上するときは、かなり追い詰められた状態と思われます。

　したがって、特に売掛金は先ほど説明した在庫同様、3年から5年の時系列の数字のトレンドを確認することが、与信管理の基本です。

費用の未計上や資産計上

　費用の未計上とは、当期に発生している外注費や仕入れを翌期に回しして当期の原価を引き下げる方法で、当期の利益を増加させることが目的です。この場合、当期の売上に対する売上原価が異常に低くなっていることが多いです。売上高総利益率の変化にも表れるといえます。

　費用の資産計上とは、当期発生した諸経費を「仮払金」や「前払費用」として資産に計上しておいて、当期の費用を下げることによって利益を増益させる手口です。したがって、金額の大きな仮払金や前払費用が発生していたら要注意と考えるべきです。

怪しげな勘定科目

　資産に計上されている勘定科目で「未収金・貸付金」などの金額が大きかったり、新たに発生している場合は要注意です。そもそも「何の未収なのか、誰に貸している貸付金なのか」これを明確にしておくことは与信管理上絶対条件です。

　一般的に回収できない資金だったり、本来なら損失として費用計上するべきものを資産計上することがよくあります。また、不動産や有価証券の売却益を架空計上している粉飾決算などもあります。

　同様に負債で計上されている「前受金・預り金・未払金」などの勘定科目も要注意と思ってください。怪しげな金額があったら必ず確認することが大事だということです。

売上高総利益率（粗利益率）

　再三説明をしてきましたが、売上総利益率、いわゆる粗利がいったん落ちるとなかなか戻せないといわれます。いったん値引きに応じた

ら、元の値段に戻すのはとても難しい、だから「商売上で安易な値引きなどあり得ない」とよくいわれます。

売上高総利益率が時系列的に下がってくるということは、業界における競争力が落ちているか、原価が高騰していることが考えられ、経営上最大の問題が発生しているととらえるべきです。

したがって、売上高総利益率が大幅に、あるいは時系列で徐々に悪化している企業は、業態悪化の前兆でもあると考えるべきです。

その他時系列の変化の異常値に要注意

損益計算書の販売費・一般管理の項目で、人件費や支払家賃などが大幅に減っている場合などは、売上の数字と関係しますが大規模なリストラが行われている可能性があります。企業で人件費や人員・拠点を減らすときは、経営的な問題が大きくなっているケースが普通です。常識的にリストラや給与の引下げなどは、簡単にはできないと考えてください。

また、同様に固定資産の土地や投資有価証券などを売却しているときには、資金繰りのために仕方なく売却しているケースが多いといえます。そのくらい固定資産の処分についても簡単にはできないからです。

その他の注意項目として「減価償却費」があります。先に説明しましたが、業績が苦しくなり当面の減価償却の費用負担を減らす目的で、減価償却費方法を定率法から定額法に変更したり、償却金額をわざと少なくしたり、最悪、償却自体をその期にしなかったりする場合があります。

短期借入金と長期借入金の関係

資金繰りが苦しくなると、設備投資などを目的に調達した長期借入

金や社債の償還が難しくなってきます。返済資金を捻出するために短期資金を調達して、長期借入金や社債の返済に充てていることが考えられます。長期借入金や社債は減っているが、短期借入金がどんどん増えて、以前より借入金合計は増えていることもあり、その場合は、かなり業績と資金繰りが悪化していると考えるべきです。

キャッシュフロー計算書で資金繰りが見えてくる

キャッシュフロー計算書は、何といっても「営業活動キャッシュフロー」の動きです。営業活動キャッシュフローが3期連続でマイナスになると、極めて危険な経営状態となります。キャッシュフロー計算書の作成などや説明を通じて解ったと思いますが、どんなに損益計算書で利益が出ていても、売上債権や棚卸資産が増えていれば営業活動キャッシュフローが減ってしまうわけです。

したがって粉飾決算の架空売上などは、ここで明らかな数字になって出てきます。棚卸資産の水増しの粉飾決算なども同様の動きとなります。

また営業活動キャッシュフローの稼ぎが少なく、さらに借入金の返済等で財務活動キャッシュフローのマイナスを埋めきれず、固定資産の売却等で投資活動キャッシュフローのプラスで、数期連続で埋めているような企業も、相当の注意が必要だと考えるべきです。

結論からいえば、財務諸表の数字の時系列に異常値を見つけることこそが、与信管理上、危ない会社の見分け方の基本であると考えてください。

図表3-8 B／Sにおける危ない会社で着目すべき勘定科目

資産	負債
売掛金	短期借入金
受取手形	前受金
商品・製品・仕掛品	未払金
有価証券	預り金
未収金	長期借入金
貸付金	**純資産**
土地	
建物	
投資有価証券	
出資金	

売掛金、受取手形 ……………… 回収できないものはないか

未収金、貸付金 …………… 中身は何か
　　　　　　　　　　　　　　回収できないものはないか

商品、製品、仕掛品 …………… デッドストックではないか

有価証券、土地、建物 ………… 含み損がないか
投資有価証券、出資金　　　　　無理な投資ではないか

短期借入金、長期借入金 ……… 回収できないものはないか

前受金、預り金、未払金 ……… 中身は何か
　　　　　　　　　　　　　　返却の必要と時期は

> 特に　・未収金、貸付金の中身
> 　　　・売掛金、受取手形、在庫が異常に多くなっていないか
> 　　　・借入金が異常に多くなっていないか

⑦ 金融マンに必要な目の付け処

　融資を担当する金融マンに最低限必要な財務スキルは３つあります。詳細な財務分析を通じて企業評価をすることは重要であり、プロとしての企業審査能力を身に付けることは金融機関で生きていく以上は当然です。当然金融以外の企業でも、同様のスキルは今後さらに重要になってきます。

　ただ、多忙を極める現場において「これだけは押さえておきたい」視点があります。そこで３つのスキルを順に説明していきます。

第１「なぜいくら：必要運転資金の計算スキル」

　どんな理由で、どんなお金が、いくら必要なのか。これは融資の基本でもあり、目的のはっきりしない金を貸すことなどできません。

　そのためには、しっかりと取引先から話を聞いて必要資金の内容を確認することが条件になります。同時にその裏付けを一定のエビデンス等で確認したり、財務諸表から読み取る必要があります。その前提として財務諸表からどんなお金がいくら必要になり、そのお金をどのように賄っているかを確認することです。

　一般的に企業の必要資金には「運転資金」「設備資金」「赤字資金」の３つがあります。設備投資に必要な資金は貸借対照表における固定資産に計上されますから分かりやすいですが、運転資金は意外と分かり難く、赤字資金も運転資金と認識している経営者が多くいます。しかし、性質は全く別のものであることをはっきり理解しておく必要があります（**図表３−９**）。その基本になるのが「必要運転資金の計算（正常運転資金）」です。

　必要運転資金の計算は**図表３−10**の通りです。

図表3-9 企業の必要資金の種類

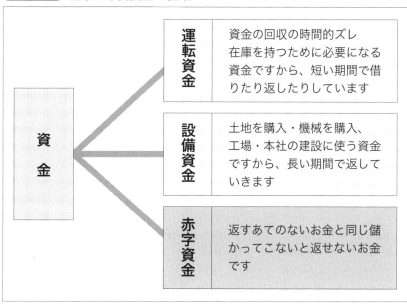

運転資金	資金の回収の時間的ズレ 在庫を持つために必要になる 資金ですから、短い期間で借 りたり返したりしています
設備資金	土地を購入・機械を購入、 工場・本社の建設に使う資金 ですから、長い期間で返して いきます
赤字資金	返すあてのないお金と同じ儲 かってこないと返せないお金 です

図表3-10 運転資金のロジック

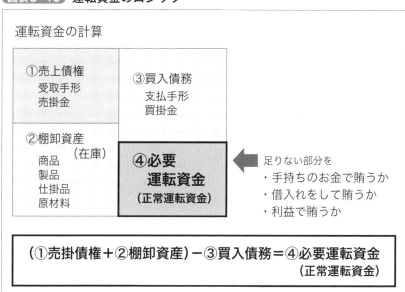

運転資金の計算

①売上債権
受取手形
売掛金

②棚卸資産
　　　（在庫）
商品
製品
仕掛品
原材料

③買入債務
支払手形
買掛金

④必要
運転資金
（正常運転資金）

足りない部分を
・手持ちのお金で賄うか
・借入れをして賄うか
・利益で賄うか

（①売掛債権＋②棚卸資産）－③買入債務＝④必要運転資金
（正常運転資金）

売上債権＋棚卸資産―買入債務＝必要運転資金（正常運転資金）

「売上債権」とは受取手形や売掛金で、いわゆる商売上のツケです。これはお金をもらわないのに商品や製品を相手に渡すのですから、お金を貸していると一緒です。したがって「貸している金」と覚えておけばいいのです。

「棚卸資産」とは商品や製品・原材料・貯蔵品・仕掛品で、いわゆる在庫です。これはお金がモノ等になっていることですから、「寝ている金」と覚えればいいのです。

「買入債務」とは支払手形や買掛金で、いわゆる商売上の売上債権の逆のツケです。これはお金を払わないのに商品や材料を相手から受け取っているわけですから、お金を借りてきていると一緒です。したがって「借りてきたお金」と覚えればいいのです。

　貸している金に寝ている金を足して、借りてきた金が足りなければ、その分のお金が必要になってくる、これこそが「運転資金」なのです。

　図表3-10のように貸借対照表を見て、すばやく④の必要運転資金を計算できるスキルを身に付けて欲しいのです。「④を何で調達しているのか、短期借入金か、長期借入金か…」数字を面でとらえて財務スキルを身に付けることを目指して欲しいのです。

　例えば**図表3-12**で計算してみましょう。

　貸借対照表を見ると、次のようになっています。

　前期：売上債権（受取手形・売掛金）250＋棚卸資産（商品製品）
　　　　40－買入債務（支払手形・買掛金）120＝必要運転資金170
　当期：売上債権（受取手形・売掛金）380＋棚卸資産（商品製品）
　　　　50－買入債務（支払手形・買掛金）150＝必要運転資金280
　前期対比当期増加運転資金＋110

　この企業は、前期まで運転資金170を短期借入金100と利益剰余金70

で調達している構造でしたが、当期増加した運転資金＋110のほぼ同額を手元の預金（利益剰余金の積み上げ分）で100が充当されていることが分かります。このように、バランスシートから読み取ることがポイントです。

これに対して赤字資金は、収益よりも費用が多く足りなくなった穴埋めの資金ですから、返すお金が貸借対照表の資産にはないことが前提です。金融機関としても簡単には融資できない資金なのです。運転資金のロジックと赤字資金との違いは、明確に理解しておく必要があります。

▶ 第2 「返せるのか：償還能力の算出スキル」

運転資金の借入金は、貸借対照表の売上債権と棚卸資産がお金に代わるまでのつなぎ資金ですから、販売先の信用力や在庫の換金性に問題がなければ、返済上の問題はあまりありません。ところが、工場等の設備投資等に使用する「設備資金」は、購入した設備を売却して返済するわけではなく、その設備で借入金を返済する「新しいお金（ニューマネー）」を稼がなければならないわけです。

つまり儲からないと、利益が出ないと返せない借金です。一般的に「利益償還条件の借入金」ともいいますので、より慎重な検討が必要になってきます。償還能力の検討が必要になってくるのです（**図表3 −11**）。

償還能力とは、金融機関では「キャッシュフロー」とも呼んでいます。

税引後当期純利益＋減価償却費＝償還原資（キャッシュフロー）

図表3-11 設備投資の検証

資本金1,000の会社が、長期借入金500で設備投資をしたケース

左の手元の現金を減らさないで、右側の長期借入金を返していくためには…
減った分だけ右の利益を増やしていく必要があるのです。

左の手元の現金を減らさないで、右側の長期借入金を返していくためには…
減った分だけ減価償却累計額として計上すると、利益を出していなくても利益を出したと同じと考えることができます。

左が右より多くないとダメ

当期純利益＋減価償却費 （償還原資・キャッシュフロー）		設備投資の長期借入金の年間元金返済額 （年間投資回収額）

　例えば**図表3−12**で考えてみましょう。

　損益計算書の当期純利益30、減価償却費10であれば、年間償還原資（キャッシュフロー）40になります。

　当期に新たに機械の機械設備150が長期借入金150（期中20償還済）で実施されています。現状の業績を持続できれば残りの長期借入金130は元金だけであれば3.25年で返済できることが分かります。金利支払いを考慮すれば約4年で償還できることが確認できます。

長期借入金額130÷償還原資（キャッシュフロー）40＝償還能力3.25年

　仮に、さらに次年度に追加の設備投資100をする計画で、すでに借入している130を合算して対応する場合は5.75年で返済でき、利払いを考慮すれば約6〜7年で償還できることが確認できます。

　（既長期借入金130＋新規長期借入金100）÷償還原資40＝償還能力5.75年

　もし、もっと借入期間を短くしたい意向があるのなら、設備投資後の業績見込みを確認して、返済年数に合わせた償還原資（キャッシュフロー）を計上できる計画書を構築する必要があります。

　このように損益計算書を見て、すばやく計算できるスキルを身に付けて欲しいものです。

　返済能力については、融資申し出の場で確認することが重要ですから、絶対に身に付けなければいけないスキルです。このスキルは一般事業会社における投資回収でも、同様に検討するので、管理会計上でも大事なスキルになります。

▶ 第3 「お金の行方は：資金運用表スキル」

　貸したお金がどのように使われているかを確認することも重要です。そのためには、再三説明してきた「お金の流れ」を読めることが

必要です。ポイントは、これまでやってきたキャッシュフロー計算書作成時に確認した貸借対照表の「調達と運用」でとらえるスキルが必要になります。もしくは、ほぼ同じことをやる内容が「資金運用表」でとらえることです。いつも私は金融機関の人間には「取引先に決算書をもらったら、最低2回以上は資金運用表を自身で手作りして欲しい」とお願いしています。まさにお金の流れをつかまえる、最も大事な表でもあり財務を本当に理解するためのものだからです。

　例えば、図表3−12の貸借対照表と**図表3−13**のキャッシュフロー計算書から「資金運用表」を作ってみます。

　図表3−14を見てください。「固定面」で発生した決算流出（納税分）40設備投資資金150を税引前当期純利益60減価償却10で調達するも不足分▲120「流動面」で必要になった必要運転資金▲110を「金融面」の手持ち現金預金100と長期借入金130で調達不足を解消していることが読み取れます。積極的な固定面での投資を期間利益だけでは賄えず、さらに売上増加に伴う増加運転資金で不足する流動面まで、全てを金融面に依存している調達構造の会社といえます。

　実は資金運用表はキャッシュフロー計算書とほぼ同じと考えてよいのです。「固定面」は投資活動キャッシュフロー、「流動面」は営業活動キャッシュフロー、「金融面」は財務活動キャッシュフローに近い情報となっています。どのように資金が調達されて、どこに運用されているか、特に設備投資や運転資金の流れや構造上の問題点が見えてきます。

　資金運用表は、どちらかというと金融機関の融資管理上に絶対必要な切り口ですが、一般的な経営者目線はキャッシュフロー計算書的な思考展開と管理が中心で、キャッシュフロー計算書に併記しているキャッシュを中心に捉える「調達と運用」こそが「身体にバランスシートを持っている」感性です。

　したがって、経営者とベクトルを合わせる財務目線は、キャッシュフロー計算書の調達と運用の視点を身に付けることと考えてください。

図表3−12 貸借対照表（B／S）と損益計算書（P／L）

貸借対照表（B／S）

		前期	当期			前期	当期	
流動資産	現　　金			支払手形・買掛金		120	**150**	流動負債
	預　　金	150	**50**	短期借入金		100	**100**	
	受取手形・売掛金	250	**380**	未　払　金				
	有価証券			未払法人税等		40	**30**	
	商品・製品	40	**50**	前　受　金				
	仕　掛　金			預　り　金				
	前　払　金							
	未　収　金			小　　計		260	**280**	
	貸倒引当金	▲		社　　債				固定負債
	小　　計	440	**480**	長期借入金			**130**	
固定資産	建　　物							
	機　　械		**150**	小　　計		0	**130**	
	車　　両			資　本　金		100	**100**	純資産
	備　　品	60	**60**	資本剰余金	資本準備金			
	減価償却累計額	▲ 10	▲ **20**	利益剰余金	利益準備金			
	土　　地				任意積立金	150	**150**	
	投資有価証券				繰越利益剰余金		**30**	
	保険料積立金	20	**20**	評価・換算差額等				
	小　　計	70	**210**	小　　計		250	**280**	
	合　　計	510	**690**	合　　計		510	**690**	

151

損益計算書（P／L）

当期 (万円)

項　目	科　目			金　額
売　上　高	売　　　上			340
売　上　原　価	期　首　繰　越　商　品		40	
	当　　期　　仕　　入		180	
	期　末　繰　越　商　品	▲	50	▲　170
売上総利益				170
販　売　費 及び 一般管理費	給　　　料	広告宣伝費	交　際　費	
	福利厚生費	旅費交通費	通　信　費	
	消耗品費	保　険　料	租税公課	▲　100
	支払手数料	家　　　賃	その他	内、減価償却費
	貸倒損失	貸倒引当金繰入	減価償却費	（　10）
営　業　利　益				70
営業外収益	受取利息	受取配当金	受取家賃	0
	有価証券売却益	有価証券評価益		
営業外費用	支払利息	支払割引料	有価証券売却損	10
	有価証券評価損			▲
経　常　利　益				60
特　別　利　益	固定資産売却益	投資有価証券売却益	受取保険金	0
特　別　損　失	固定資産売却損	投資有価証券売却損	特別退職金	▲　0
税引前当期純利益				60
法人税等充当額				▲　30
当期純利益				30

図表3-13 キャッシュフロー計算書と貸借対照表の関係

貸借対照表

運用

調達 [前期対比]

（資産）			（負債）		
現金・預金	+ ⊖	**100**	支払手形買掛金	⊕ −	30
受取手形売掛金	⊕ −	130	有利子負債	⊕ −	130
棚卸資産	⊕ −	10	その他流動負債（法人税）	+ ⊖	**40**
			減価償却累計額	+	10
			（純資産）		
固定資産投資など	⊕ −	150	資本金	+ −	0
			税引前当期純利益	⊕ −	60

キャッシュフロー計算書（間接法）

（万円）

区分			金額	
営業活動	+	税引前当期純利益	+	60
		減価償却費	+	10
		受取手形・売掛金の減少額	+	−
		棚卸資産の減少額	+	−
		その他流動資産の減少額	+	−
		支払手形・買掛金の増加額	+	30
		その他流動負債の増加額	+	−
	▲	受取手形・売掛金の増加額	▲	130
		棚卸資産の増加額	▲	10
		その他流動資産の増加額	▲	−
		支払手形・買掛金の減少額	▲	−
		その他流動負債の減少額	▲	−
		法人税等の支払額	▲	40
		営業活動キャッシュフロー	+	80
投資活動	+	有価証券売却による収入	+	−
		固定資産売却による収入	+	−
		貸付金の回収による収入	+	−
	▲	有価証券の取得による支出	▲	−
		固定資産の取得による支出	▲	150
		貸付金による支出	▲	−
		投資活動キャッシュフロー	▲	150
財務活動	+	短期借入れによる収入	+	−
		長期借入れによる収入	+	150
		株式の発行による収入	+	−
	▲	短期借入金の返済による支出	▲	−
		長期借入金の返済による支出	▲	20
		配当金の支払額	▲	0
		財務活動キャッシュフロー	+	130
当期純キャッシュフロー			▲	100
現金・預金の増減			▲	100
期首現金・預金・現金等価物残高				150
期末現金・預金・現金等価物残高				50

図表3−14 **資金運用表**

(万円)

	運用		調達		過不足
固定面	前期決算流出 中間決算分 設備投資 無形固定資産 投資	40 0 150 0 0	税引前当期利益 減価償却 固定負債 特定引当金	60 10 0 	
	計	190	計	70	▲ 120
流動面	受取手形 売掛金 棚卸資産 その他	130 0 10 	支払手形 買掛金 貸倒引当金 その他	 30 	
		140		30	▲ 110
金融面	現預金	▲ 100	割引手形 短借 長借	 130	
		▲ 100		130	230

第4章

財務知識の
現場活用術

数字に強い人材・営業は ロジカルに経営と商流を聴く

　金融機関の人間に限らず、「できる人材は数字に強い、できる営業は数字に強い」といわれます。これは単に計算が早いというだけでなく、数字に敏感である、数字からの発想が豊かである、数字から状況把握や解決策へ結び付けるスキルが優れていることを指しています。

　金融機関の人間は、「人様のお金を扱う商売」であり信用力こそが命です。だからこそ当然数字に強く、幅広い見識を持った担当者でなければ信用はされないと心しなければなりません。その「数字に強い」というメッセージを発信できる方法は、財務の知識を現場で活用できることです。財務の知識は現場で使ってこそ「さすが！」と言わしめる要素なのです。

　再三説明しましたが、財務知識を単なる企業の評価判断とするのではなく、経営と商流の現状把握と発展的な改善策に展開する切り口に活用することと考えてください。

　また一般事業会社の人間も、同様に取引先を見る目、そして自社の管理会計を推進する目として財務知識を現場で活用できるスキルを装備することが、当たり前に求められていると認識するべきです。

　例えば取引先の経営者と話をするときに、経営や商売のことは、長年苦労している経験などを考えれば、いくら恰好つけてもかなうわけなく「お前に何が分かる」と見透かされるだけで、教えを乞うしかないのだと肝に銘じるべきです。ただし、教えてもらうにしても「さすが違う」と思ってもらえる教えられ方が「ロジカルに経営と商流のことを教えてもらう」ことなのです。そのための財務知識の活用が大切になってきます。

　それを踏まえたうえで、これから具体的な現場活用のノウハウを説明していきます。

② 取引先から 決算書をもらったとき

　金融機関の人間であれば、取引先に訪問したときに「これ前期の決算書だよ」と渡されるケースはよくあるでしょう。そのときどう対応すべきでしょうか。最悪なのは「ありがとうございました」とお礼を述べてすぐカバンにしまい帰っていく担当者です。お客様としては渡した以上、金融機関としての感想を聞きたいと思い面談時に渡しているのですから、ろくに見もせずに帰るなどは言語道断で、「担当者失格」といわざるを得ません。

　次にダメな担当者は、決算書を受け取って中身を見ても、真っ先に「損益計算書」を見て黒字決算だと「良いご決算ですね！」とほめる、逆に赤字決算だと「大変ですね！」と同情することです。「何がどういいんだ？」と言いたくなるのが経営者の気持ちです。また「何であんたに良いだの悪いだの、評価されなきゃならないんだ！」と叫びたくなるのが経営者の本音です。良いだの悪いだの評価すること自体がおこがましいと自戒するべきです。

　ではどうすべきか。前章で説明した「勘定科目の時系列から背景シナリオを考える財務分析」の財務知識が、現場活用スキルとして生きてきます。

　時間をかけて見るわけにはいかないので、決算書が直近の単年度だけであれば「すみません、前期の決算書も見せていただけますか？」と依頼して、２期分の貸借対照表から見ていきます。そして、各勘定科目の大きく増減した科目に目を付けて、「社長前期に比べると製品在庫がかなり増えているんですが、なぜですか？」「前期あった機械がなくなっていますが、どうしたんですか？」このように変化した理由を聴いていきます。そして損益計算書も同様に進めていきます。

　さらにステップアップして、背景シナリオの仮説を展開していきま

す。

　例えば前期よりも流動資産の「製品」が増えていた場合、「前期に
比べて製品の在庫が増えているのですが、これは期末に増産体制にな
っていたと考えればよいのですか？」

　さらに固定資産の「機械」も増えていれば「機械設備も増えている
ようですから、新しい製品ラインでも増えたんのですか？」とあえて
前向きな仮説をぶつけるのです。

　再三説明しましたが、数字の変化には背景がある、経営と商流の動
きがあるのです。だから最も大事な財務分析でもあるのです。

　そこで、「第3章　5.勘定科目の時系列から背景シナリオを考える」
（p.126〜137）がカギになってきます。様々な勘定科目で想定される
シナリオを自分の引出しとして増やしていくことが、「数字に敏感・
数字に強い」スキルの開発につながる重要なポイントになるのです。

③ 財務知識から「予測と仕掛け」で ビジネスチャンスを発見する

　財務諸表というのは結論からいえば「過去の終わった話だ」ということです。先に説明したように、経営者からするとすでに終わった決算書にはあまり関心がない、むしろ今どうなっている、このままでいくとどうなる、何かあったらどうなる、といった現在進行形以上の決算書に関心があるのです。

　したがって、財務諸諸表をビジネスチャンスにつなげていくポイントは、終わった決算書の評価をすることだけではなく、結果を踏まえたうえで、今後の経営的な動きの「予測」をする。結果を踏まえたうえで、今後何をさせるべきか「仕掛け」を考えることです。

　つまり「予測と仕掛け」が、ニーズの掌握と案件発掘・ソリューションビジネスにつなげる決め手になってくるのです。

　図表4−1に「予測と仕掛けから掌握するニーズとビジネスチャンス」としてB／SとP／Lの目の付け処と考え方のヒントをまとめていますので、参考にしてください。財務諸表ごとの具体的な切り口の例を以下に説明していきます。

　再三申し上げますが、金融機関の人間も与信判断のための評価だけの財務分析から、経営と商流に豊かに思考展開をして、予測と仕掛けにつなげる財務分析力が必要になってくるのです。

貸借対照表の目の付け処と予測と仕掛け

〈現金・預金と売上債権と棚卸資産から営業展開や生産管理の予測と仕掛け〉

　前期に比較して当期の「現金・預金と売上債権・棚卸資産」の金額が増加しているなら、業績の拡大が考えられるので、さらなる販路拡

図表4-1 予測と仕掛けから掌握するニーズとビジネスチャンス

B／S

資産	**資金的ニーズ** 資金の運用 運転資金の調達 設備投資・投資資金の調達 **商流的ニーズ** 販売先・チャネルの拡大 在庫管理の改善強化 設備の増設・更新 生産管理・品質管理の強化 所有資産の有効活用 資産の売却 他社との提携やM＆A	**資金的ニーズ** 短期・長期借入金の調達 資金調達方法の見直し リースの活用 退職引当金の準備 **商流的ニーズ** 仕入先・外注先の見直し	負債
		資金的ニーズ 増資 株式の上場 **経営的ニーズ** 自社株対策 事業承継対策	純資産

P／L

費用	**売上原価ニーズ** 仕入先・外注先の見直し 原材料の調達方法の見直し 生産設備の増強・更新 生産体制の強化・見直し 在庫管理体制の強化 **販売費一般管理費ニーズ** 人材の採用や育成強化 人事評価制度の見直し 給与体系の見直し 販売促進策の強化・見直し 研究開発の強化・見直し 諸経費の費用対効果の改善 **営業外費用ニーズ** 調達方法・調達先の見直し による調達コストの削減 為替リスクのヘッジ **特別損失ニーズ** 投資・運用の強化・見直し 所有資産のリスクヘッジ	**売上高ニーズ** 販売先・チャネルの拡大 人的・物理的営業力強化 業務提携先の見直し拡大 運転資金の資金需要拡大 **営業外収益ニーズ** 運用手段の強化 関連会社・子会社の活性化 所有資産の有効活用 **特別利益ニーズ** 投資・運用の強化・見直し	収益

大を想定した営業力強化や、人員の増員採用・マーケットを広げるために新たな販売チャネルの開拓などが予測されます。

　また、好調な収益を推移しているとすれば広告宣伝費や研究開発費に向けた資金を増額することも予測されます。現状の業容拡大に対するソリューションや、販促活動をさらに活性化するための仕掛けの提案構築を考えるべきであるといえます。

　現金・預金の残高が前期よりも減少しているなら、運転資金ニーズはさらに大きくなると予測されますから、早めに資金調達準備を仕掛けることもあり得ます。逆に売上債権と買入債務が減少しているとすれば、販売体制の見直しや商材の見直し、マーケットの見直しなどの強化が予測されます。
「棚卸資産」が増加していれば、在庫管理の強化や販促の強化も予測されます。メーカーであれば、生産管理の改善や在庫管理強化の課題解決が予測されますし、同時にそれに対応した改善提案の仕掛けを考えるべきです。

〈有形固定資産の減価償却累計額から投資の予測と仕掛け〉

　有形固定資産の中でも「建物・機械」と「減価償却累計額」の金額を比較します。建物・機械の金額に比べて減価償却累計額の金額が少ないということは、設備投資をしたばかりと考えられるので、当面の設備投資は見込めないと予測できます。ただし、設備投資効果を出すために、販売先の拡大や販促活動の強化が予測されるため、それに伴うソリューションを仕掛けることを検討すべきです。

　逆に建物・機械の金額と減価償却累計額の金額が同額に近づいていれば、設備投資をしてから年数が経過して所有資産が古くなり、近いうちに更新をするのではないかと予測します。
「お持ちの設備は、かなり償却が進んでいるようですが、いつ頃更新のご予定ですか」と設備投資計画の確認と仕掛けを考えるべきでしょう（**図表4-2**）。

図表4-2　減価償却比較例

| （設備投資して間もない） | （かなり償却が進んでいる） |

流動資産	流動負債
固定資産	固定負債
機械　　　1,000 減価償却累計額▲100	純資産

流動資産	流動負債
固定資産	固定負債
機械　　　1,000 減価償却累計額▲800	純資産

図表4-3　キャッシュフロー比較

（単位：億円）

	A社	B社
営業活動 キャッシュフロー	3,000	3,000
投資活動 キャッシュフロー	▲1,000	▲4,000
財務活動 キャッシュフロー	▲1,000	1,000
現金及び現金 等価物の期末 残高	5,000	2,000

損益計算書の目の付け処と予測と仕掛け

〈売上高から販路拡大や業務提携等の予測と仕掛け〉

売上高が前期と比較して横這いや減少しているとすれば、今後の増収対策を打つことが予測されます。販路の拡大やチャネルの拡大・他社との提携などの仕掛けを検討すべきでしょう。

〈売上総利益から付加価値の開発や原価低減策の予測と仕掛け〉

売上高総利益率が前期対比で悪化しているようなら、経営上深刻な問題が発生しているといえます。そこで、単価の引上げや原価の引下げの打開策を検討していると予測できます。付加価値向上に向けた他社との協業や産学連携など、また原価削減に向けた仕入先の見直しや生産設備の更新、もしくは業態の拡大や転換といった大きな仕掛けを検討すべきです。

〈営業利益から費用対効果の見直し予測と仕掛け〉

営業利益が減少している場合、販売費・一般管理費の見直しの必要性が予測されます。広告宣伝の見直しとして業者の変更やネット媒体の活用、人員を含めた営業体制の強化など費用対効果の向上策の仕掛けの検討、また諸経費の削減策に向けた、事務のアウトソーシングや事務所の移転による賃貸料引下げ等の仕掛けを検討すべきです。

〈経常利益からの調達の見直し為替対策の予測と仕掛け〉

経常利益が減少している場合、支払利息等の金融費用の負担が増加していることや、貿易取引に伴う為替差損が発生していることが考えられますから、資金調達先や資金調達方法の見直し、販売チャネルや仕入れチャネルの見直しが予測されます。

新たな資金調達先や調達手段の提案、為替の影響を受けない販売先の拡大や仕入れ先の開拓等の提案、為替ヘッジの活用などの仕掛けを

検討すべきです。

キャッシュフロー計算書の目の付け処と予測と仕掛け

〈投資活動キャッシュフローと期末現金預金残高から投資の予測と仕掛け〉

　時系列的に投資活動キャッシュフローの動きがなく、期末現金・預金の残高が増加しているとすれば、今後の投資に向けて手元キャッシュを増やしていることが予測できます。

　新たな投資の予定やタイミングをヒアリングしながら、案件に向けた仕掛けを検討すべきです。

図表4-3を見てください。

　A社とB社のキャッシュフロー計算書から、前期までB社は資金調達までして積極的な投資をしている動きが分かります。これに対してA社は営業活動の範囲で投資活動と借入金の返済として財務活動に資金を向け、手元キャッシュを増加させているようです。このキャッシュフロー計算書の動きから、投資に関係する業者の営業であれば、A社B社のどちらを重点的に強化するか検討してみましょう。

　1つ目の仮説として「B社の投資行動は今後続く」と予測できれば、B社を重点的に攻めることはあり得ます。

　2つ目の仮説として「B社のキャッシュの残高はかなり少なくなっている、そしてマーケットシェアの問題もあり、A社がB社の投資の動きを見ていれば、次に動き出すのはむしろA社であり、期末のキャッシュの残高を増加させているのは、投資の準備をしているためではないか」と予測すれば、A社を重点的に攻めるべきであると考えるべきでしょう。

　以上のような結果から予測をして、仕掛けを考えることこそ、攻めの財務分析といえます。

収益構造改善4原則と
キャッシュフロー改善4原則の
ロジックを活用する

④

> ## 収益構造改善4原則からの展開

　企業の収益構造の改善は、財務の基本構造の5つの国のうち「収益の国を増やして費用の国を減らす」ことです。ただし、同じ収益といっても経営の根幹である「売上高」をどうやって増やすかが問題になってきます。

　図表4-4に示していますが、売上高を増やす方法としては「数量を上げる・単価を上げる」、費用を減らす方法は「原価を下げる・経費を下げる」ことです。

　以上の原理原則を「収益構造改善4原則」といいますが、これを基本ロジックと理解してください。まず、このフレームはしっかりと自分の知識として吸収して、取引先の経営者や実権者と話をするにしても、管理会計として自社自部門のことを検討するにしても、常に物事を整理してロジカルに話を聴く、もしくは考える習慣を持ってもらいたいのです。

「売上を上げて、経費削減ですね」などと、当たり前の言葉を並べるのではなく「同じ売上を上げるにしても、取扱高の拡大か、単価の引上げになってきますし、費用といっても、原価面の見直しなのか、販売費・一般管理や営業外費用などの内部的経費の引下げになってきますが、社長のところはどのあたりにプライオリティを置くことが、最も効果的な経営改善につながってくるのですか？」といった、極めてロジカルな会話ができることこそ「数字に強い」という認識になってくるのです。

165

図表4-4 収益改善・キャッシュフロー改善の具体策

収益構造を改善するための具体例

数量を上げる

・販売拠点の増設
・販売チャネルの増強
・売場面積の拡大・営業時間の延長
・品揃えの増強（売れ筋商品）
・新市場の開拓、新製品の開発、OEM
・営業の強化
　（増員、教育、目標制度、インセンティブ）
・広告宣伝の見直し
・イベントの開催、セット販売

単価を上げる

・製品構成の見直し
・高付加価値製品の開発
・ブランド戦略の導入
・付加価値の追加
　（追加機能搭載、アフターサービス）
・戦略的販売手法の導入
　（コーディネート販売・コンサルティング販売）
・値引きの縮小交渉（営業担当の教育）
・顧客リストの整備と分析

売上高を上げるか

収益構造改善4原則

原価を下げる

・仕入先の絞込み
・外注先の見直し（競争入札等）
・材料構成の見直し
・製造方法の見直し（アウトソーシング・内製化）
・物流コストの削減（拠点網の見直し・改善）
・設備投資による低コスト化
・仕入方法の見直し
　（大量仕入・長期契約）
・仕入先・外注先のM&A

経費を下げる

・パートの積極活用
・人件費の見直しと生産性の向上
　（給与体系・リストラ・パート、
　　契約社員の活用・教育）
・事務所スペース・拠点の見直し
　（統廃合や賃貸料の削減）
・事務所費用の節約
・資金調達方法の見直し
　（金融機関の選別・直接金融の活用）

費用を下げるか

キャッシュフローを改善するための具体例

利益を上げる

・収益構造の改善
　（収益構造の改善4原則）

回収を早くする

・取引条件の改善
　（手形期間の短縮交渉）
・商品付加価値を上げる
・営業担当の教育
・販売先の見直し
・販売チャネルの見直し
・売掛債権管理の強化

入りを増やすか

キャッシュフロー改善4原則

支払を遅くする

・仕入条件の改善交渉
・仕入取引先の見直し
・仕入方法の見直し
・長期契約、大量発注

在庫を少なくする

・在庫管理の強化（POSの導入）
・マーケティングの強化
・適正在庫の設定
・生産方法・生産管理の改善
・保管方法の見直し
・材料搬入方法の見直し
・仕入先の見直し
・仕入条件の見直し

出を抑えるか

　また図表4‐4のように、具体的な切り口の引出しを持つことも重要で、話にも具体性と同時に会話と考え方に迫力が出て、より短い時間で詰めた話ができることになります。そのためには、業種によっても多少切り口が変わってくることもあり、基本的には教えてもらうことを前提に、自己研鑽と経験を持って引出しを増やす努力を重ねることが必要になってきます。

　また、経営者目線のプライオリティについても、ぜひ認識しておいて欲しいと思います。実は収益構造改善4原則の中で、最も難しく慎重さが求められる切り口は「経費を下げる」です。特に金融機関の人間は「人件費の削減、リストラ」なる言葉を簡単に口に出しますが、経営者からすると「やれるものなら、やってみろ！」といいたくなります。従業員の給料を下げることなど簡単にはできないものです。また、いったん雇用した人間を辞めさせることが、どれだけ難しいことか、一番痛感しているのが経営者です。

　したがって、経営者目線としてプライオリティが高い切り口は「数量を上げる・単価を上げる・原価を下げる」です。そしてその中でも収益改善に最もインパクトが強い切り口は「単価を上げて・原価を下げる」こと、それはまさに「売上総利益＝粗利益」の改善なのです。

▶ キャッシュフロー改善4原則からの展開

　次にキャッシュフローの改善は、5つの国の「資産の国」の現金・預金をいかに増やしていくかです。キャッシュフロー計算書の作成を通じて、すでに理解していると思いますが、営業活動キャッシュフローをいかに増やすかになってきます。
これも図表4‐4で示していますが、現金・預金の入りを増やす方法として「利益を上げる・回収を早く」現金・預金の出を抑える方法として「支払いを遅く・在庫を少なく」です。以上の原理原則を「キャッシュフロー改善4原則」といって基本ロジックと考えてください。

　収益改善のロジックと同様に、話をするにしても、経営点検するにしても、常にロジックを持った対応を心がけることが大切です。

　また、図表4‐4に具体的な切り口を示していますが、これも収益改善同様に、業種の幅も広げて引出しを増やす努力をすることが必要です。

　キャッシュフローの改善で、最もプライオリティが高いのは「利益を上げる」ですが、「在庫を少なく」という視点は極めて現場感覚では重要だと理解してください。

　よく「在庫三悪」といわれます。「在庫はお金が寝ている、在庫は経費がかかる、在庫は腐ったら損が出る」運転資金として在庫分調達されたお金が固定されています。在庫がある以上は倉庫費用や保険料がかかります。在庫が売れずに廃棄したら大きな損失につながるのです。したがって、経営者も非常に神経を使っていて、在庫管理は極めて大事な仕事でもあるのです。

　ただし、在庫は少なければ良いということではありません、欠品などを起こせば信用問題にもなります。具体的な切り口にある「適正在庫の設定」が肝要であるということと、良い在庫を抱えて回転させる「在庫回転率（棚卸回転率）」を上げることが、最も重要なのです。

　そして、経営者目線として認識しておいて欲しいのですが「回収を早く・支払を遅く」という視点は、現実では極めて難しいです。よく「資金繰りを改善するには、回収サイトの短縮をすべきです」と簡単に口に出す金融機関の担当者がいますが「できるものなら、やってみろ！」と経営者は思っています。

　商売は常識といって、取引条件は業界によって「末締めの翌末に半分現金、残り半分は2ヵ月売掛」などとおおむね決まっていて、その条件を変更するのは困難といえます。したがって、安易にそのようなことをいうべきではないと心してください。

　もし話をするなら、「ある経営者が、資金繰りを少しでも楽にするには在庫を少しでも減らすことだと力説されていましたが」などの話

図表4-5 コストとリスク（売掛金・受取手形・在庫）

コスト

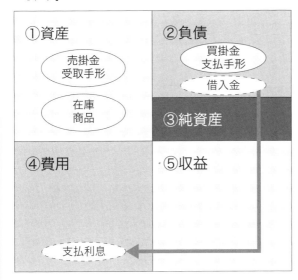

①が大きくなればなるほど、②の「買掛金・支払手形」を大きくしない限り、通常「借入金」が増えます。すると④の「支払利息」が増え、収益を減らします。

リスク

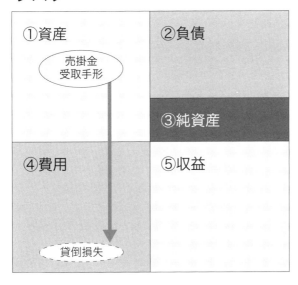

①の「売掛金・受取手形」が、相手の会社の倒産で回収できなかったら、その金額がそのまま④に落ちてきて大変なことになります。これは支払利息の金額の比ではなくなり、自社の経営にも重大な影響をもたらします。

※「コスト」と「リスク」を常に考えながら活動することが大切です。

を持ち出すことです。「在庫の重さと怖さを分かっている人間は、資金繰りの苦労が分かっている」ともいいます。

　また経営者の資金繰りの苦労は資金調達だけではなく、自社の営業社員や管理職の指導・管理にもあります。特に業績好調で無借金経営の企業に多いのですが、経営者は「多少在庫が増えたことくらい、数日回収が遅くなるくらい、研究開発費用が多少予算をオーバーしたくらいで、なぜうるさくいうんだ、儲かっているし稼いでいるではないか」と思っています。

　運転資金のもたらすコストとリスクの理解を得ることに苦労しているのです（**図表4−5**）。

5 魔法の言葉「粗利」の現場活用術

　収益構造改善４原則でも説明しましたが、改善インパクトが最も強いのは「単価を上げて・原価を下げる」売上総利益率＝粗利益率の改善だと強調してきました。そして経営者の最大の関心事であり、ベクトルを合わせる最高の質問は粗利といっても過言ではありません。そして、もっと重要な経営課題が出てくるのも粗利です。

　金融機関の担当者にとっても、最も貸金の案件やソリューションビジネスにつなげられる切り口も粗利なのです。ですから、筆者はよく「困ったら粗利の質問をすべし」と金融機関の担当者に話しています。また一般事業会社についても、「商売の基本は粗利」という大げさな表現で説明しています。

　やはり、粗利は商売上基礎的な利益構造を持っています。同時に商品や製品あるいは提供するサービスの付加価値を表すものだと思います。一度粗利が落ちると戻せないとは、付加価値が下がり競争力と魅力を失っているからなのです。

　粗利の改善策としては、収益構造改善４原則により「単価を上げる」「原価を下げる」という切り口で具体策を示してきました。もう少しシンプルに捉えてみると、**図表４-６**のように、単価を上げる方法としては「高く売る・付加価値を上げる」原価を下げる方法としては「安く買う・安くつくる」になります。

　例えば、次のような整理になります。

- 高く売るには「新たな販売手法や販売チャネルの開拓、ブランド力強化」
- 付加価値を上げるには「設備の更新や新規設備の導入、他社との協業・提携、産学連携」
- 安く買うには「原材料のまとめ買いによる値引き、仕入先・外注

先の見直し・新しい先を増やして合い見積りを取ることで競争原理の強化」

- 安く造るには「生産性の高い新たな設備の導入、優秀で安価な外注先の確保」

　結果として、設備投資や資金調達・ビジネスマッチング・M＆Aなどの案件につながってくるのです。あくまでも教えを乞う姿勢を崩さず、「いろいろな経営者にお会いすると、粗利が一番大事なんだとお聞きしますが、仮に御社のようなご商売ですと、仮に粗利を1％改善するとすれば、何がポイントになってきますか、例えば…」などと、上記の仮説をぶつけながら、素直に真面目に話を聴くことが大切です。

図表4-6 **粗利をよくするには**

粗利の構造		粗利の改善策
	単価を上げる	・高く売る ・付加価値を上げる
	原価を下げる	・安く買う ・安くつくる

6 数字に強い最高の財務知識 ～損益分岐点の現場活用術

損益分岐点分析とは何か ～採算と事業計画の基本

　企業は事業の現状の採算性に問題ないかを見ています。また、様々な案件やトラブルも舞い込んできます。その際、瞬時に頭の中で概算計算をする人が数字に強いといわれます。その基本になっているのが「**損益分岐点**」です。いわゆる「収支トントン・採算ライン」のことです。

　また、経営者が次年度や翌月の事業計画を立案する場合にも、当然、損益分岐点を考えて数字を組み立てます。もっと身近なことでいえば、仕事上「見積書」を提出することがあります。見積りの数字を考えるとき「利益をいくら乗せて見積金額を出すか」と損益分岐点を自動的に考えます。それだけではなく、仕事の案件ごとに採算計算をします。それも損益分岐点で考えているのです。日常でも仕事をしていくうえで「損益分岐点管理」は非常に重要な要素となるので、必ず理解しておく必要があります。

　簡潔にいえば、損益分岐点とは黒字と赤字の境界線のことです。損益分岐点となる売上高(損益分岐点売上高)を上回れば黒字になるし、下回ると赤字になります **(図表4-7)**。

　損益分岐点で重要なキーワードは「**固定費**」「**変動費**」「**変動費率**」「**限界利益率**」の4つです。

　固定費とは、売上がゼロであっても払わざるを得ない経費のことです。代表的な固定費としては「正社員の給料・家賃・通勤定期代・光熱費・電話代」等を指します。

　これに対して変動費は、売上に伴って発生する費用で代表的なものに「材料費・外注費」があります。

　簡単に説明していますが、実はこの固定費と変動費の仕分けが非常に難しいのです。

　経営診断で損益分岐点分析を行うときに「費用の分解」を行います。これは、固定費と変動費に分ける作業のことで、どの費用が固定費で、どの費用が変動費かを認定するのです。例えば、交通費でも通勤交通費は固定費ですが、顧客の営業で使用する交通費は変動費と考えるべきです。同様に、人件費でも正社員の給料は固定費ですが、あるプロジェクトのために臨時雇用した契約社員の給料は変動費となります。

　このように、細かく考えるとすべての費用が分解されますが、実務的にはある程度大雑把に分けます。

　また費用の削減をする場合、金額順にベスト20程度を確認し、上位の項目について削減目標を立てるなどの方法も効率的です。

　では損益分岐点はどのように算出するのでしょうか。

$$損益分岐点売上高 = \frac{固定費}{限界利益率}$$

　限界利益率とは、基本的な商売の儲け率といえるもので、次のように表されます。

$$限界利益率 = 1 - \underbrace{\left(\frac{変動費}{売上高} \right)}_{変動費率}$$

　カッコの中のことを「変動費率」といって、売上に対して材料費や外注費として何割が支出されるかを表しています。その変動費率を1から引いているのは、変動費率の反対を意味しており、「限界利益率」は売上から材料費や外注費を差し引いて、どのくらい儲かるかを表しています。

「損益分岐点売上高」とは、経費（固定費）を賄うのに必要な売上高のことで、「いくら売上を上げれば収支トントンになるか」を表します。

　優秀な経営者は、常に２つの利益を持っているといえます。

　１つは「粗利益率」（売上高総利益率のことで、ここでは粗利益率で話を進めます）です。そしてもう１つが「限界利益率」です。

　粗利益率と限界利益率の違いは、先の「第２章　資金繰りと決算書の作成体験から財務３表を理解する」で体験しましたが、卸売業のように仕入れてきたものをそのまま販売している流通業では、売上原価そのものが変動費となりますから、粗利益率がそのまま限界利益率になります。

　ところが、製造業や建設業の場合、製造原価報告書・完成工事原価報告書の「労務費・経費」が工場の正社員の給料や家賃などであれば固定費に属するため、その分を差し引いて利益率を計算するので粗利益率と限界利益率が異なるのです。当然、事業採算の検討をする段階で、原価のうちの固定費・変動費の分解を認識して利益率を考えておく必要があり、経営者は、粗利と同時に強く限界利益を認識しているのです。

　具体的な例で考えましょう。

　ある場所でラーメン店を経営するとします。店舗の賃貸料が月100万円とします。ラーメンは１杯1,000円で半分の500円の儲けが出る場合、家賃だけを賄うためにはラーメンを何杯売れば家賃分が出るかを考えます。

　簡単ですよね、儲けである限界利益率が50％であれば、家賃の100万円を50％で除すれば、2,000杯、売上で200万円売れば100万円の家賃分が稼げることになります（**図表４−８**）。

　さらに20万円の利益を残したいと考えた場合、家賃の100万円に利益20万円を加えた120万円を利益率50％で除すれば、240万円の売上が必要になると算出されます。これが、理論値ベースの予算設計でもあるのです（**図表４−９**）。

図表4-7　損益分岐点と目標利益の設定

損益分岐点とは企業の採算ラインを表す指標です。

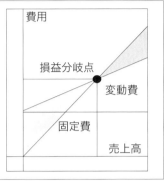

＊主な固定費と変動費

変動費	商品仕入原価　原材料費　外注加工費 販売手数料　販売促進費　荷造運搬費
固定費	労務費　消耗品費　修繕費　人件費 交際費　交通費　減価償却費

図表4-8　損益分岐点売上高は？

何があっても出ていく固定費（家賃）100万円を賄うには、売上高と同時に発生する変動費がぶつかる点、売上高200万円まで伸ばさなければならない。これが損益分岐点。

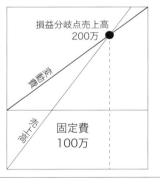

$$損益分岐点売上高 = \frac{固定費（100万円）}{限界利益率（0.5）}$$ （図表4-8）
（200万円）

$$目標売上高 = \frac{固定費＋目標利益（100万円＋20万円）}{限界利益率（0.5）}$$ （図表4-9）
（240万円）

図表4-8でも確認してください。変動費の線と売上高の線の交わるところが「損益分岐点売上高」、それを超えると売上高線と変動費線の開き分だけ利益が出ることになります。

損益分岐点からの経営改善は、分子である「固定費」を下げるか、分母である限界利益率を上げることになります。

限界利益率を上げるということは、変動費率を下げることです。つまり、材料費や外注費を下げるか、もしくは単価を上げ売上高を増やすかのいずれかになります。ほとんどの重要な経営上の課題や改善の具体的な対策があぶり出されるといっても過言ではありません。

粗利益こそが経営の基本の利益であるものの、経営者は粗利と同等以上に、この限界利益率を意識して経営しています。

このように、収益構造のロジックをしっかり理解したうえで、的確な対策を考えていくことが財務管理でも大切であると認識して、損益分岐点は確実に自分のものにしてください。

損益分岐点を活用した話法展開

例えば、損益分岐点で案件につなげていく話法は、次のように展開します（**図表4-10**）。

• 決算書がある場合（前期決算：売上10,000　売上総利益4,000　販管費3,000　営業利益1,000）

「前期の決算からすると売上総利益率40％くらいですが、御社の平均的な限界利益率と考えてよろしいですか。仮に販管費を固定費と考え

図表4-9 利益を乗せた場合の損益分岐点売上高

固定費100万円と目標利益20万円を残すためには売上高を240万円に伸ばさなければならない。これが目標売上高（予算）。

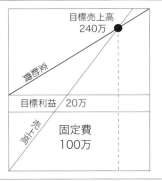

図表4-10 損益分岐点を求める

●損益分岐点の求め方

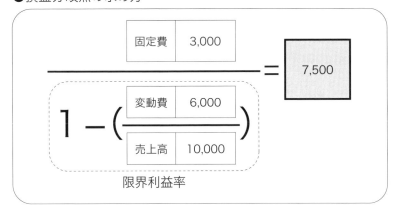

●次期営業計画

た場合、年間の損益分岐点は約7,500となりますね。もし今季営業利益目標を2,000とすれば、売上予算は12,500必要ということですね」（製造業の場合は、原価明細の人件費・経費の半分を変動費と固定費に仮設定して計算）

• 決算書がない場合

「御社のようなご商売ですと、売上から外注費や外注費を差し引いて、平均どのくらいの儲け率（限界利益率）になりますか。事務所も広いですし社員も多くいらっしゃるようですが、月間の固定費はいくらくらいですか。（儲け率＝限界利益率40％　月間固定費400）。では、御社の月間損益分岐点は1,000（400÷0.4）ということですね、仮に今期の利益目標を月間固定費の2ヵ月分に設定した場合、売上予算が14,000（400×14÷0.4）となりますね。現状の月間損益分岐点を引き下げるには、どんな対策が有効ですか？」

　以上のような損益分岐点の活用が、面談時に電卓を活用してできれば、「さすが、違う！」と信頼を得られ、事業計画や経営改善の相談を受けられるような立場を確立できるでしょう。

⑦ 経営者目線で関心の高い 財務知識活用術

在庫回転率

「在庫回転率＝棚卸回転率」は、キャッシュフロー改善の項に記述しましたが、特に製造業や流通業などにおいて常に管理されている極めて重要な数字です。

$$\text{在庫回転率（回）}\ (\text{棚卸回転率}) = \frac{\text{売上高}}{\text{棚卸資産}}$$

つまり、所有在庫の何回転の売り上げているかを表します。別の言い方をすれば、1年間で在庫が何回入れ替わっているかを示しています。例えば「12回」ということは、1ヵ月に1回製品が生産されて売れていることになります。

一般的に生鮮食品などを取り扱う食品スーパーなどであれば「百何十回」となりますが、工事期間の長い建設会社になると3〜5回などになり、業種業態によって大きな差が出ます。

この在庫回率が下がってくる場合は、製品や商品の競争力が落ちてきているか、不良在庫や異常な在庫の状態、また在庫管理上に問題が生じている可能性が高く、経営上では営業面と財務面で重大な問題が発生していると考えられます。

以前日本を代表する大手化学メーカーが、在庫回転率を10年間連続増加させエクセレントカンパニーと称賛されたことがあります。これは奇跡的といわれました。毎年売上げが増加しているのに在庫が増えない。おそらく優れたマーケティングと製品開発、製造・流通そして強力な販売体制があった結果として、理想的なサプライチェーンマネジメントが10年間成立していたのでしょう。

経営的には常に気にしている数字で、在庫回転率を上げること自体が経営改善と成長に直結しているといえます。

そこで「御社のような業界ですと、平均的な在庫回転率は何回転くらいですか。どのような対策に重点を置いていますか？」という質問を展開することが、案件の抽出にもつながってきます。

ROA（総資本利益率）

$$総資本利益率ROA（\%）\\（Return\ On\ Total\ Assets） = \frac{経常利益（事業利益）}{総資本（総資産）} \times 100$$

つまり調達した自己資本（純資産）と他人資本（負債）のお金を、どれくらい有効活用しているかを表す数字で、ある意味では投資利回りにも近いといえます。また別のいい方であれば、所有している全資産の活用利回りともいえます。

ROAは、一般的にコンサルティングの際や現状把握、改善策の立案時などに軸として検討する項目になります。その理由は以下の算式に分解されるからです。

$$ROA ＝ 事業利益率 \frac{経常利益}{売上高} \times 総資本回転率 \frac{売上高}{総資本} \times 100$$

これは結果として、すべての経営資源の投資効果の見直すことになってくるのです。

親会社が子会社の評価をする場合でROAを重視します。「ROAの低い会社の資産は、ROAの高い会社へ移せ」投資判断の当然の考え方になります。筆者のクライアントである不動産賃貸業の経営者も、常にROAを気にしています。

そこで「ある経営者が、経営点検で最も重要な視点はROAとの話をされていますが、御社での具体的な取組みとして、所有資産の見直

しなどは何か検討されていますか？」などの質問を展開することが、案件の抽出にもつながってきます。

身体にバランスシートを持つ経営者目線の財務力

先に説明したように、私たちが目にする決算書は「過去の終わった結果」であって、経営者はあまり関心を向けません。むしろ、現在の状況や、今後の見通しに関する財務諸表に関心があるのです。

つまり優秀な経営者は、身体に決算書を持って管理会計を行っており、財務資料は確認する資料に過ぎないのです。したがって、何も見ずに決算書を頭に描きながら、定性的な事項を数字に展開して考えるスキルが必要だということです。

そのポイントは、キャッシュフロー計算書で示した「調達と運用」の関係です。「資産のキャッシュである現金・預金を中心に、右側の負債・純資産のどんな種類のお金が調達されていて、その調達されたお金が、現金・預金以外のどこに行って運用されているか」常にこの動きを意識して会社の財務を見ていると考えるべきです。これこそが身体にバランスシートを持っていることなのです。

したがって、同様のイメージができるように財務の構造やお金の流れを、しっかりと自分のスキルとして活用できるように、財務の勉強をしていただきたいのです。

実践　決算書の見方・ビジネスチャンスへの展開事例

それでは、これまで説明してきた決算書の目の付け処を踏まえて、具体的な事例で確認していきましょう。

図表4−11の財務諸表を見てください。

第1ステップ 〜ストック面とフロー面から信用力の確認

貸借対照表の内部留保を確認します。利益準備金と利益剰余金合額2,028百万円である程度の内部留保の積み上げはできています。しかし総資産が16,110百万円でもあり、資産規模すると決して潤沢な金額とはいえません。自己資本比率も18.9％と低く、業歴が浅く成長途中の会社か、積極的に内部留保の積み上げをしてこなかったか、できなかった企業であり、安全性としてはあまり高い評価ではありません。

損益計算書を見ると、利益3段階では黒字になっているので、本業で一定の稼ぐ力は持っているといえます。ただし、売上高総利益率が26.9％・売上高営業利益率3.9％（減価償却前5.0％）と、あまり利益率の高い企業ではありません。

有利子負債の償還年数は12.1年と、必要償還期間としては長く償還能力には問題があります。

長期借入金8,268百万円÷償還原資（当期純利益＋減価償却費＝キャッシュフロー）681百万円＝12.1年

仮に有利子負債合計額から運転資金を除いた金額（短期借入金＋長期借入金）10,072百万円−必要運転資金（売上債権＋棚卸資産−買入債務）2,527百万円＝7,545百万円でも11.1年と長く、現状の収益力では償還能力に問題があるといわざるを得ません。

したがって、当該企業はストック面とフロー面で安全性が高いとは

図表4-11 時系列比較分析（B／S　P／L）

貸借対照表（B／S）　　　　　　　　　　　　　　　　　　　　　（百万円）

区分	前々期	前期	区分	前々期	前期
資産の部			負債の部		
Ⅰ．流動資産			Ⅰ．流動負債		
現金・預金	2,290	2,370	支払手形	765	1,016
受取手形	918	1,168	買掛金	955	1,268
売掛金	2,133	2,342	短期借入金	1,691	1,804
製品	401	523	その他	628	712
仕掛品	102	157			
原材料・貯蔵品	481	621	流動負債合計	4,039	4,800
その他	650	811	Ⅱ．固定負債		
流動資産合計	6,975	7,992	長期借入金	7,647	8,268
Ⅱ．固定資産			その他	0	0
1　有形固定資産			固定負債合計	7,647	8,268
建物・構築物	2,789	2,753	負債合計	11,686	13,068
機械・装置	798	1,137	純資産の部		
工具・器具・備品等	176	268	資本金	1,000	1,000
土地	2,612	2,612	資本剰余金	14	14
2　無形固定資産	121	103	利益準備金	166	166
3　投資等	817	1,245	繰越利益剰余金	1,422	1,862
固定資産合計	7,313	8,118	純資産合計	2,602	3,042
資産合計	14,288	16,110	負債純資産合計	14,288	16,110

損益計算書（P／L）　　　　　　　（百万円）

区分	前々期	前期
売上高	17,980	21,150
Ⅱ．売上原価	12,225	15,452
（期首繰越製品）	(312)	(401)
（当期製品製造原価）	(12,314)	(15,574)
（期末繰越製品）	(401)	(523)
売上総利益	5,755	5,698
Ⅲ．販売費及び一般管理費	4,846	4,878
（人件費）	(2,577)	(2,630)
営業利益	909	820
Ⅳ．営業外収益	45	86
Ⅴ．営業外費用	130	152
（支払利息）	(123)	(149)
経常利益	824	754
Ⅵ．特別利益	52	56
Ⅶ．特別損失	242	100
税引前当期利益	634	710
法人税等充当額	227	270
当期純利益	407	440

損益計算書内訳項目	前々期	前期
減価償却費	230	241

製造原価報告書　　　　　　　　　（百万円）

区分	前々期	前期
材料費	9,006	11,884
労務費	1,994	2,244
経費	284	321
外注費	1,019	1,180
当期製造総費用	12,303	15,629
期首仕掛品原価	113	102
合計	12,416	15,731
期末仕掛品原価	102	157
当期製品製造原価	12,314	15,574

いえません。

> **第2ステップ ～決算書から経営と商流の特徴を確認する**

　貸借対照表の流動資産と固定資産を確認すると、流動資産49.6％、固定資産50.4％で固定資産のうち有形固定資産が83.4％あり、典型的にモノづくりを中心とした製造業と想定されます。また、流動資産に仕掛品・原材料・貯蔵品の金額が計上されていることからも、製造部門を持った企業であることが想定できます。

　また流動資産を見ると、受取手形・売掛金の売上債権と製品・仕掛品等の棚卸資産の金額も多く、必要運転資金は2,527百万円（売上債権3,510＋棚卸資産1,301－買入債務2,284）を短期借入金と長期借入金等で調達されています。有利子負債が短期借入金と長期借入金を合計すると10,072百万円、有利子負債依存度62.5％あり、また先に説明したように、有利子負債償還能力にも問題があり、多少借入過多の状態です。

　ただし、手元キャッシュも2,370百万円と比較的潤沢であり、今のところ資金繰り的には大きな問題はありません。

　損益計算書と製造原価報告書を見ると、売上原価に占める材料費比率が76.9％もあり、大量の材料を加工して製品化していることが分かります。

　製造原価報告書の労務費と販売費・一般管理の人件費の割合について役員報酬等を勘案して考えると、従業員は工場と本社で同数程度の配置になっていると想定されます。

　また、毎期内容は不明ですが特別利益と特別損失が発生する企業でもあり、投資有価証券等の動きがあるのかもしれません。

第3ステップ ～決算書を時系列で深読みする

前々期と前期で比較すると、資産が＋1,822百万円増加しています。固定資産が＋805百万円流動資産が＋1,017百万円増加しています。固定資産の中身を見ると、有形固定資産の建物、機械、工具等＋395（減価償却費分を含むと＋636）と投資等＋428百万円で、何らかの設備投資と投資があったようです。同時に流動資産の売上債権＋459百万円棚卸資産＋317百万円増加しており、投資の効果として売上が増えてツケや在庫が増加しています。

シナリオとして、新しい取引先が発生して、取引の関係上で株式の持ち合いもしくは関係子会社を設立したことで投資等が増加した、同時に新規の生産ラインを増設して稼働している。建物・構築物や土地が増えていないので、現在の工場に増設したか、機械を更新したのではないかと考えられます。

その結果、売上が増加して売上債権や棚卸資産が増加していると考えられます。

一方調達側を確認すると、資産が増加した分を流動負債の買入債務が＋564短期借入金＋113長期借入金＋621増加しています。純資産は繰越利益剰余金＋440増加しています。資産の増加分を、買いのツケと借入金・利益で調達していることが分かります。調達の構造としては、利益による調達が相応にできていますから、経営的には業容拡大としての狙いが見えてきて、一定の収益効果は出ているといえるでしょう。

次に損益計算書を見てみると、売上高＋3,170百万円増加で前期対比17.6％と大幅な増収が達成されています。しかし、利益は売上総利益▲57百万円営業利益▲89百万円と前期対比減益となっています。これは、明らかに材料費の値上がりか生産性上の問題で売上高に対する材料費率が、前々期50.1％から前期56.2％に増加していることが原因で、売上高総利益率が前々期対比▲5.1％も悪化しています。

　また、人員等の諸経費も増加もあり、営業利益でも前々期対比▲89百万円売上高営業利益率▲1.2％と大幅な減益になっています。

　これは、新規の取引先が増加したことにより、設備を新設して人員も増やして体制を強化したが、売上高は大幅増加したものの、想定外の原材料の値上がりを受けて収益性は大幅悪化したと考えられます。ただし、前々期発生していた特別損失が前期は少なかったため、最終損益は前々期対比増益となりました。

第4ステップ
〜財務知識から「予測と仕掛け」でビジネスチャンスを発見する

　この企業の問題点は、原価に占める材料費が極めて大きく、原材料の相場によって大きく収益が左右されるということです。そもそも下請け色が強い受注形態のため、利益率があまり高くないと想定されます。

　新規取引を開拓したのに増収減益の状態になっており、これが経営的に大きな課題となっています。

　現状当社は、材料費をどのようにして抑えていくか、仕入先や仕入れ方法も含めて見直すことが予測されます。また、同時に現在の設備の稼働率を上げることにより、どうやって原価率を下げるかを検討することが予測されます。

　原価率引下げに取り組むための、新たな調達先の紹介や、生産性向上に対する施策で、私たちがどんな仕掛けを提案構築できるのか検討すべきです。

　また下請け色の強い受注形態から、現在の設備や生産技術ノウハウを活用して利益率の高い受注もしくは、独自製品の開発等を進めるべきで、そのための仕掛けをどのように提案構築できるかについて検討すべきでしょう。

第5章

業種別決算書の目の付け処

① 注目すべき科目と数字

売上原価に注目する

　業種が異なれば、商売のやり方もマーケットも異なります。資産の持ち方も変わってきますし、携わる人の数も変わります。また扱う原材料も違えば、何より顧客も違ってくるものです。

　しかし、決算書の基本的な構造に大きな違いはありません。使用される科目の呼び方やバランスに多少の違いがあるだけと考えればいいでしょう。大きな違いが出てくるケースは、すでに「第2章 12. 製造業の決算書を作る、13. 建設業の決算書を作る」で解説しましたが「原価明細」の存在です。

　製造業や建設業などの場合、損益計算書の売上原価の中身が、物品販売業のように仕入れた品物がいくら売れたかといった単純な計算ではなく、製品を作るために、あるいはビルを建設するのに、いくら材料費や外注費、人件費を要したかの明細を作成しています。この明細書、「原価明細報告書」があることが大きな違いです。

　ただ、この明細書さえ理解すれば難しくはありません。原価明細報告書の内容は、「材料費」「労務費」「経費」「外注費」に分けられますが、これを略して「材・労・経・外」と呼んだりします。また外注費を経費に含めて作成している場合もよくあります。そこで、これを訳して「材・労・経」とも呼びます。

　いずれにしても、この売上は「元々いくらの商品だったのか」、この売上は「いくらで製造し、いくらで建てたのか」というのが基本の考え方です（**図表5−1**）。

図表5-1 業種別決算書の目の付け処

【製造業】P／L

製品売上高		1,000
製 品 原 価	期首製品棚卸高	100
	当期製品製造原価	400
	期末製品棚卸高	50
	合計	450
売上総利益		550

製品製造原価明細

材料費	100
労務費	100
経費	100
外注費	100
合計	400

【建設業】P／L

完成工事高	1,000
完成工事原価	800
売上総利益	200

完成工事原価明細

材料費	200
労務費	300
外注費	200
経費	100
合計	800

【運送業】P／L

営業収入（売上高）	1,000
営業原価（売上原価）	800
売上総利益	200

営業原価明細

人件費	400
燃料費	100
保険料	50
道路等使用	50
車両減価償却費	100
外注費その他	100
合計	800

【製造業】B／S

資産		負債	
受取手形	500	支払手形	300
売掛金	300	買掛金	200
商品・製品	200		
仕掛品	**100**		
原材料	**200**	純資産	

【建設業】B／S

資産	負債
完成工事未収入金 **1,000** **未成工事支出金** **400**	**未成工事受入金** **300**
	純資産

業種別決算書の特徴と着目ポイント

　決算書は業種で大きな違いはないといいましたが、損益計算書や貸借対照表には、それぞれの業種で資産の持ち方に違いがあったり、商売について数字の組み立てや大きさに違いがあったり、特徴的な科目や独特の呼び方をするものがあります。その科目こそが着目すべきポイントとなります。業種によって着目すべき科目と数字があるということです。

　代表的な業種別の決算書の特徴を確認していきましょう。

　まず「**サービス業**」についてです。

　コンサルタント業のように商品などが介在していないサービス業の損益計算書は比較的シンプルです。売上がそのまま売上総利益になり、売上原価は他社の協力で提供したサービスの外注費などです。自社ですべての案件を消化しているのか、他社も活用しているかにより、商売の規模や、自社で持っているサービスやコンテンツと他社を利用せざるを得ないサービスやコンテンツなのかなど、業務内容の把握につながってきます。加えて人件費などを確認できれば、会社の規模なども想定できます。

　また、サービス業は一般的に生産設備などを所有しないので、事務機器や情報関係の設備がある程度です。したがって、現金・預金や有価証券や投資等の資産が主となります。本社ビルなどを所有している場合もありますが、そのような資産の調達が純資産の範囲内なら何の問題もありません。問題となるのは借入れで調達している場合で、この場合は「返済する能力があるのか」について点検することが大切です。

　また、投資有価証券などがあった場合、何の目的で所有しているのか、価値が棄損していないか（購入したときよりも値段が下がっていないか）を確認する必要があります。

　以上の資産と純資産・負債の関係は他の業種も同様です。

　サービス業の場合は、売上高と人件費を中心とした固定費とのバランスがカギになります。特に売上対比人件費率や1人当たりの売上高などが最も注目するべきポイントです。

　「**流通業**」の場合の損益計算書は、売上原価が仕入れの元値になるので、売上高と仕入原価の関係がポイントになってきます。仕入れた商品をいくらで売ったか、いわゆる売上高総利益率（粗利益率）が重要です。先に「商売は粗利だ」とも説明しました。もし粗利益率が低下した場合、なかなか元に戻すことは困難になります。したがって、時系列で注意深く確認しておくとともに、競合他社や業界平均との比較にも着目する必要があります。

　当然売上高の規模である取扱高の推移にも注目します。特に人件費を中心に効率が落ちていないか、広告宣伝費などの販売促進費との関係で、費用対効果を出しているかなどに着目します。

　貸借対照表では、商品の在庫と売掛金・買掛金の動きがカギになり、売上高の増減とリンクしているかどうかが重要です。当然商売が拡大すれば売上高に準じて、売掛金・在庫・買掛金が増えているはずです。しかし、売上高は増えていないのに売掛金や在庫が増えている場合は要注意です。

　一般的には、販売代金の回収が遅くなっている、もしくは回収できない売掛金が発生している（不良債権）、在庫が増加している場合はデッドストック（不良在庫）の発生や粉飾決算も考えられるため、この動きには注意が必要です。これは製造業などでもいえることです。

　「**製造業**」は、損益計算書の「製品製造原価」がポイントになります。特に売上に対する原価率がどう推移しているか、また、売上に対する材料費率・労務費率・経費率・外注費率の動きも確認する必要があります。原材料の高騰で材料費率が急激に増加していないか、生産性が

悪化していないかなども注目すべきです。

　貸借対照表では資産の「仕掛品・原材料」の動きを見ます。売上が伸びてくれば、増産になるので仕掛品や原材料そして製品の金額も増えてきます。また、固定資産の機械関係などの設備が同時に増えている場合は、新しい生産ラインを増設した可能性もあります。

　ところが、売上が増えないのに仕掛品・原材料が増加している場合は、悪いシナリオのことがあります。原価高騰や生産停滞が発生したり、先ほど流通業でも説明したデッドストックが発生することがあるからです。

　製造業では、在庫と売上高の関係に注目します。

　「**建設業**」は、損益計算書は製造業と同様で「完成工事原価」との関係がポイントになってきます。着目点も同様です。

　貸借対照表では、資産の「未成工事支出金」と負債の「未成工事受入金」の動きです。当然これが増えてくれば受注が多くなっているのですから良いシナリオです。

　しかし、一般的に未成工事支出金だけが増えている場合、受入金を少なくして無理に工事を受けている、工事原価が上がっている、さらにはトラブルによる工事の停滞や引渡し検査が受けられない状態になっている、などの可能性もあります。

　他に気を付けなければならないのは、売掛金である「完成工事未収入金」の動きです。不良債権などもあり得るので注意が必要です。

　建設業では、未成工事支出金と未成工事受入金の関係に着目することがポイントです。

　「**運送業**」は、製造業、建設業と同様に損益計算書の売上原価である「営業原価」がポイントになります。運送の業務に要した期間でドライバーの給料「人件費」、ガソリン代「燃料費」、修理代・保険料・高速道路代・駐車代・車両の減価償却費など「諸経費」、同業他社や独

立ドライバーに委託する庸車代「外注費」があります。

　特に大きな金額を占める「人件費・燃料費・減価償却費・外注費」の売上高に対する比率には着目する必要があります。売上高総利益（粗利益率）に最も影響を与え、採算性改善のカギになってくるからです。貸借対照表では、車両と借入金の残高と売上高のバランスを見て、過剰投資になっていないかを確認する必要があります。

　その他、海外に輸出や輸入をしている企業は為替の影響を受けます。損益計算書の営業外収益・営業外費用に「為替差益・為替差損」として計上されます。輸出業者であれば、円高のときにどのくらい「為替差損」が発生しているか確認しておく必要があります。逆に輸入業者の場合は、円安のときに注意が必要です。

　また、特別利益と特別損失についてですが、基本的に本業に致命的な問題が発生しない限り気にする必要はありません。ただし「固定資産売却損益」や「特別退職金」などの項目が発生している場合は、資金繰りのための不動産売却や、業績不振によるリストラなど経営に大きな動きがあると考えられるので、業種にかかわらず、必ず目的や本業に対する影響を確認することが重要です。

② 注目すべき数字と定性情報の関係

製造業は「所有設備」の動きに着目

　製造業の場合、有形固定資産の動きにも注意が必要です。生産設備を増加させている場合なら、増産態勢か新しい製品製造ラインの新設なども考えられます。

　逆に減少している場合は、深刻な問題が背景にあるかもしれません。単なる設備の老朽化に伴う設備の廃棄であれば問題ありませんが、採算悪化による事業からの撤退であれば、経営上重要な問題が発生していると考えるべきです。

全業種共通で「投資その他資産」に着目

　流通業の投資その他資産が増加している場合は、同業者のM＆Aや新しい店舗出店に伴う敷金・保証金の増加などが多くなってきます。製造業や建設業の場合もM＆Aや、新規事業の立ち上げなどが想定されるので、投資その他資産が変動する場合は、経営上大きな動きが発生していると考えるべきです。

増資の動きに着目

　製造業が資本金を増資する場合は、一般的に大きな設備投資や投資を行うケースが多いようです。大きな設備をあまり必要としない建設業やサービス業は、新規事業の開始や、経営権における動きから株主の変動が起きている可能性も考えられます。

　生産活動に多額の資金が必要な業界は、借入れよりも安定した自己

資本での調達を優先して考えます。生産設備の必要のない企業の場合の増資の動きは、経営権に関係する動きが多いと考えられます。

　また、事業承継対策として後継者に株式を所有させたり、第三者の資本参加を受けて事業の再建をしたり、場合によっては会社を売却する準備などもあるでしょう。

借入金の動きに着目

　大きな借入れが発生する場合や、多額の借入金を返済した場合は、業種によって増資同様の動きが考えられます。

　また、業種によって必要な資金の種類も違ってきます。製造業であれば生産設備の資金か生産活動の運転資金です。建設業であれば、設備資金は工事立替金が必要となるくらいで、むしろ前受金を受け取るために借入れが不要のケースが多くなります。

　運送業であれば、営業車や物流関係の設備資金を借入れするケースが多くなります。飲食業であれば、店舗の出店費用関係の借入れが中心で、売上は現金取引中心のため運転資金などはあまり必要ありません。

　このように企業がお金を借りる場合は、常識的な使途に借入れをすることになります。資金調達の目的と調達金額・調達先によっては注意する必要があるでしょう。

③ 業種特有の定性情報に着目する

　業種によって特に目を付けておきたい定性的なポイントもあります。「**運送業**」は、トラックの稼働状況とドライバーの人数と質です。

　昔から「景気のバロメータはトラックの動き」とまで言われているように、業況を表す重要な情報です。景気が良いときはトラックも忙しく稼働しています。不況になると待機車両が多くなってきます。当然、物流センターの倉庫に保管されている荷物の量なども増減します。

　売上が好調であれば自社だけの車両やドライバーで賄えず、他社に外注するケースが多くなります。決算書では損益計算書の営業原価明細の「外注費（もしくは傭車代）」が増加してきます。

　「**製造業**」は、機械の稼働状況と現場作業員の人数と質がポイントになります。

　製造業は製造ラインの機械がどのくらい稼働しているかで好不況が見えてきます。好況であれば24時間稼働している場合もあります。決算書では損益計算書の売上高と同時に、製造原価明細の材料費・労務費・経費・外注費が増加に表れます。

　「**建設業**」は、工事進行工程表から見えてくる現場の受注件数です。

　建設業は何といっても現場の数です。好況であれば現場別の工事進行工程表が増え、現場監督や職人が忙しく動いています。決算書では「未成工事支出金」と「未成工事受入金」が増加します。特に好況のときは、次々と受注が入ってきて現場の工事が立て込み、順番待ちの状態になり未成工事受入金が未成工事支出金より大幅に多くなってきます。不況時は条件が悪くなりますからその逆になります。

「**飲食業**」は、店舗内の顧客の回転数と食材の仕入れ状況です。

　飲食業は和食・洋食・中華などの種類や店構え・メニュー構成によって「平均顧客単価」と、客席数の平均稼働と回転数（1日に何回入れ替えするか）が重要になってきます。好調な飲食店は新メニューの開発に力を入れるとともに、随時店舗の内装や外装にお金をかけています。決算書では損益計算書の「修繕費」や貸借対照表の「建物・構築物」「備品」などに動きが出てきます。

「**流通業**」は、出店と商品の品揃えと来店客数です。

　流通業の場合は出店の動きと、店舗ごとの品揃えと来店客数の動向がポイントです。好調であれば新たな出店計画を考えます。また、店舗内の品揃えが増え、特に品物が新鮮な状態であることが最も大事です。商品が回転していることがバロメータになります。決算書では出店の動きは貸借対照表の有形固定資産と、投資その他資産の「敷金・保証金」などに表れます。また、棚卸資産で売上高を除して算出する「棚卸回転率（在庫回転率）」が好調であれば高くなるので、これが重要なポイントになります。

「**ソフト開発業**」は、開発技術者の人数と技術力です。

　ソフト開発業の場合、独自のコンテンツ開発をしていれば、製品の競争力が重要になってきます。大手ソフト開発会社の協力会社としての存在であれば、SE（システムエンジニア）・PG（プログラマー）などの開発担当者と外注先をどれくらい抱えているかです。決算書では損益計算書の外注費と労務費の動きがポイントになります。

「**病院**」は、患者の数と医師・看護師の数と質、診療設備です。

　病院の場合、診療科目の数と医師・看護師の人数が事業規模を表します。高度医療など診療設備の状況も重要です。また、好調で評判の病院であれば一般外来患者が多くなります。入院患者よりも収益性が

高く、外来患者数を増やすことが経営上のポイントになります。決算
書では損益計算書の「診療収入」の金額の動きが重要です。

「**サービス業**」は、質（付加価値）と差別化です。

　様々な業種がありますが、差別化ができているか、顧客評価が高い
かが生命線になります。決算書では損益計算書の「売上高」と「人件
費」の関係での生産性がポイントになります。

定量情報と定性情報のバランスに着目

　定量情報の動きが定性情報に結び付くのが一般的です。したがって、
製造業であれば仕掛品や在庫が増えていれば、工場もフル稼働してい
るはずです。

　業種によって現場の内容は違いますが、商売は常識で動いていると
いう前提で、定量情報と定性情報の整合性を確認することが大事なの
です。

おわりに

　銀行退職後に独立し、早いもので20年以上が過ぎてしまいました。仕事を軌道に乗せるために朝から晩まで手探りでコンテンツの開発やら、営業の傍らいただいた仕事をこなす、帰社しては次の準備の繰り返しで精一杯、毎日があっという間に終わってしまう生活をしてきました。特に本格的に現在の会社を立ち上げた時期から共に働いてくれている社員には、連日終電や深夜を回ってタクシーで帰宅させるなど、典型的なブラック企業の状態になっていました。今では思い出話として時々話をしていますが、当時愚痴も言わず付き合ってくれた彼女には心からの感謝しかありません。

　銀行という組織で、たくさんの企業の財務諸表にも接して、財務分析をしながら与信の仕事をしてきて、それなりに財務には強いという自負がありました。しかし分かっているようで分かっていない割り切れない想いを抱えている自分がいました。独立後、資金繰りに追われ、自分自身で会計の処理もして、はじめて本当の財務とは何たるかを体得できたのは、まさにこの体験があったからと痛感しています。

　財務スキルを身に付けることは、経営を知る、仕事を知る、会社を知る。お客さんを知るという意味でも不可欠であると確信しています。そして最大のポイントは、体験的に「資金繰りから、決算をする」ことを通じて、初めて色々なことが見えてくることです。

　本書は先に出版した「ゼロから学ぶ決算書の見方」を、より分かりやすく、より財務知識とスキルを活用できることを目的として、大幅に加筆修正したものです。

「財務知識は現場で活用してこそ価値が出る」ということにこだわって執筆しましたので、是非最後まで読んでいただいて、仕事に活かしていただけることを大いに期待しております。

細矢　進

細矢　進 _(ほそや　すすむ)

株式会社リフレ
〒110-0016　東京都台東区台東1-9-2 KTビル３F
TEL 03-5817-7247　FAX 03-5817-7248
http://www.refre.com

【経　歴】

　昭和31年生まれ。株式会社富士銀行（現みずほ銀行）に20年間勤務し、首都圏主要店舗にて取引先の融資案件取り上げ、審査業務、新規取引開拓業務等を歴任。同行退職後、株式会社リフレを設立し、代表取締役に就任。中堅・中小企業の財務・経営コンサルティングを行うとともに、国内大手・グローバル企業を対象とした財務・市場開拓・人材育成セミナー、および経営者向け経営セミナー等の研修を手掛ける。

　著書に、「法人営業のバイブル」「財務で切り込む法人営業」「リスク管理の視点で進める法人開拓」（ともに近代セールス社刊）がある。

　また、一般社団法人全国地方銀行協会等でも講師を務める。

会話ができる
財務の知識と活用の指南書

2021年7月27日　初版発行
2023年6月30日　第2刷

著　者 ——— 細矢　進

発行者 ——— 楠　真一郎

発行所 ——— 株式会社近代セールス社

　　　　　　https://www.kindai-sales.co.jp
　　　　　　〒165-0026　東京都中野区新井2-10-11　ヤシマ1804ビル4階
　　　　　　TEL：03-6866-7586
　　　　　　FAX：03-6866-7596

装　丁 ——— 与儀　勝美

印刷・製本 ——— 株式会社アド・ティーエフ